新时代青春之歌

——"全国乡村振兴青年先锋"故事集

共青团中央青年发展部　编

高等教育出版社·北京
中国青年出版社·北京

内容简介

本书从共青团中央、农业农村部表彰的390名首届"全国乡村振兴青年先锋"中遴选20位优秀代表，集中展现他们在涉农创业、乡村治理、科技兴农、公益服务等领域，脚踏实地、无私奉献、建功新时代的青春故事，描绘出有理想、敢担当、能吃苦、肯奋斗的新时代好青年群像。本书通过文字、图片、音频等形式，生动讲述乡村振兴青年亲历者、建设者、奉献者的工作生活和所见所得、所思所悟，主题积极向上，内容生动感人，适合广大青年朋友阅读。

图书在版编目（C I P）数据

新时代青春之歌："全国乡村振兴青年先锋"故事
集 / 共青团中央青年发展部编 . -- 北京：高等教育出
版社：中国青年出版社，2023.6
　　ISBN 978-7-04-060418-4

　　Ⅰ. ①新… Ⅱ. ①共… Ⅲ. ①青年 - 先进事迹 - 中国
- 现代 Ⅳ. ① K828.4

中国国家版本馆 CIP 数据核字 (2023) 第 068864 号

新时代青春之歌——"全国乡村振兴青年先锋"故事集
Xinshidai Qingchunzhige——"Quanguo Xiangcun Zhenxing Qingnian Xianfeng"Gushiji

策划编辑	王仕会　蒋文博　徐　阳		责任编辑	李　倩　王仕会　陈　敏		
封面设计	张　志		版式设计	张　志		
责任绘图	李沛蓉	责任校对	刘俊艳　刘丽娴		责任印制	韩　刚

出版发行	高等教育出版社　中国青年出版社	网　　址	http://www.hep.edu.cn
社　　址	北京市西城区德外大街 4 号		http://www.hep.com.cn
邮政编码	100120	网上订购	http://www.hepmall.com.cn
印　　刷	涿州市星河印刷有限公司		http://www.hepmall.com
开　　本	787mm×1092mm　1/32		http://www.hepmall.cn
印　　张	4.375		
字　　数	80千字	版　　次	2023 年 6 月第 1 版
购书热线	010-58581118	印　　次	2023 年 6 月第 1 次印刷
咨询电话	400-810-0598	定　　价	39.00 元

前　　言

党的十八大以来，以习近平同志为核心的党中央始终把解决好"三农"问题作为全党工作的重中之重，组织打赢了人类历史上规模空前、力度最大、惠及人口最多的脱贫攻坚战，启动实施乡村振兴战略，推动农业农村发展取得历史性成就、发生历史性变革。在这一伟大实践中，涌现出一大批扎根"三农"的青年典型，他们用实际行动生动诠释了新时代青年投身乡村振兴的责任担当、青春激情和奉献情怀。

为表彰先进、树立榜样，在全社会营造到乡村一线去建功立业的浓厚氛围，鼓励引导更多青年投身乡村振兴战略伟大实践，2021年12月，共青团中央、农业农村部授予王军扬等10名同志首届"全国乡村振兴青年先锋"标兵称号；授予李民吉等380名同志首届"全国乡村振兴青年先锋"称号。

这是一批志在"三农"、群众认可、成绩突出的优秀青年。我们从中遴选20位杰出代表：靠种沙棘将戈壁滩变成聚宝盆的兵团军垦人后代王军扬，在云南哈尼族村寨发展乡村旅游带领村民致富的王然玄，做电商产业园带领青年电商创业者把产品卖到了全世界的卞盛洁，扎根祖国最北边陲小镇致力乡村振兴建设的青年干部文竹……他们是奋斗在乡村振兴之路上无数青年的缩影，是扎根农村、服务群众的新时代"青年先锋"。他们正谱写着一曲曲新时代的青春之歌。

习近平总书记在党的二十大报告中擘画了全面推进乡村振兴的宏伟蓝图，明确指出"加快建设农业强国，扎实推动产业、人才、文化、生态、组织振兴"。乡村振兴，关键在人才，希望在青年。广大青年要坚定不移听党话、跟党走，学习先进典型，弘扬奋斗精神，在全面推进乡村振兴、加快农业农村现代化建设的火热实践中贡献青春力量、绽放绚丽之花。

编者

2022年11月

目　　录

◎ 后　记

标兵篇

可以安于平凡，不想甘于平庸。

王军扬：追逐沙棘梦，助力脱贫路

青春寄语

扫描二维码
即可收听

在新疆，有一群人自豪地称自己为"兵团人"，作为新疆生产建设兵团的一员，他们承担着国家赋予的屯垦戍边职责，在祖国的边疆坚守岗位，默默奉献。

1986年出生的王军扬便是其中一位。10多年前，刚大学毕业的王军扬选择来到兵团最艰苦的团场之一——第九师170团。这个团坐落于山地丘陵、荒漠戈壁，耕地稀缺，土壤贫瘠，没有大自然赋予的地理环境优势，脱贫之路更显艰难。

为了实现脱贫致富，勤劳的兵团人种植沙棘，将戈壁滩变成了"金山银山"。沙棘不但可以防风固沙，还可以利用其多种活性成分，应用在食品、化妆品、医药等各行业。

荣获首届"全国乡村振兴

2021年，王军扬荣获首届"全国乡村振兴青年先锋"标兵称号

青年先锋"标兵称号后，王军扬说："我是兵团军垦人的后代，从小受到父辈们'默默无闻，甘于奉献'精神的感染。大学毕业后我就确定了目标：到兵团去，为一线职工服务，为他们创收。与沙棘结缘的这些年，我倍感幸福，也在实现人生价值的过程中更加成熟。"

艰辛沙棘路

2009年，王军扬从塔里木大学毕业后便报名参加了大学生志愿服务西部计划，回到家乡工作。看着眼前的荒漠，他陷入思考：如何让这片土地变得生机勃勃，让这里的职工都能脱贫致富？在贫瘠的土地上，他看见了绿色的希望。荒凉的戈壁滩上，毅然生长着一种植物——沙棘。

170团党委从2003年开始引种沙棘，全团干部职工战严寒、抗风沙，5年的时间，种植了万亩沙棘林，让脆弱的生态环境得到极大改善。感受到沙棘明显的生态效益，团党委决定将沙棘产业作为团场重点发展方向。2010年，王军扬被任命为170团林业站副站长。他任职以来，沙棘种植面积增加了2.3万亩，沙棘也成为170团防风固沙的先锋树种。在扩大沙棘种植面积的同时，王军扬一直在思考一个问题——如何将沙棘转化出经济价值。

2010年秋，王军扬结识了当地一位80多岁的民间藏医。老人告诉他，沙棘富含的维生素、黄酮、有机酸、氨基酸、多糖，是食品、化妆品的重要成分。而且，沙棘的果实、种子、叶、皮等具有消炎、杀菌、止痛、促进组织再生等功效。

听了老人的话，王军扬眼前一亮。他前往各地的沙棘种植区，一边寻找和引进最适合本地的优良沙棘苗种，一边宣传推广170团种植的沙棘。

比选择品种更难的是打开销路，王军扬为此跑遍了全国各地，却被不断地泼冷水。"你种植的大果沙棘就是废料。""这都是被淘汰的品种，我们不会购买。"……冷言冷语让王军扬一时有些茫然。但当他面对职工们好不容易开垦出的沙棘地，勇往直前的信念再次被点燃。

直到2019年7月，在全国沙棘研讨会上，王军扬终于找到了和国内沙棘产业领军企业对接的机会。他准确地向对方介绍兵团种植沙棘的优势，最终赢得订单。随后，兵团沙棘的优良口碑开始传播出去，形成了供不应求的局面。

就在当年，沙棘的销售额达到1300万元。截至2021年，170团共种植沙棘5.8万亩，产量达到6000吨，职工人均增收3.5万元。

看着荒漠上生机勃勃的沙棘林，望着老百姓脸上脱贫致富的喜悦，王军扬觉得付出的一切都是值得的。他曾冒着零下20多摄氏度的严寒，为育苗棚防风保温，在大棚里过夜；为劝说当地职工大面积种植沙棘，遭遇各种阻力和误解；为沙棘的销路发愁，顶住巨大压力，想尽各种办法……一路艰辛，王军扬却始终初心不改。

从25岁到35岁，是一个人青春的旅程，也是价值观形成的重要时期。王军扬的艰辛沙棘路，让他成长为一名脱贫致富的先锋，一位坚守岗位、改革创新的典型。王军扬说："我可以安于平凡，但不想甘于平庸。"

王军扬在测量沙棘挂果枝的长度

扎根基层，不计得失

王军扬身上有一种可贵的品质，他用实际行动投身实业，乐于扎根基层，从不计较个人得失。多年来，一批又一批的大漠追梦人，在戈壁荒滩上追逐着沙棘梦，将沙棘变成戈壁滩上的摇钱树。王军扬肩负着他们的希望，乘势而上。2019年，他牵头成立合作社，吸纳社员140多名，服务沙棘种植户占全团总数的90%。

谈起自己的选择，王军扬笑着说："改革的真正意义就是带领职工共同致富，市场经济的充分发展，就是让想创业、敢创业的人有施展的舞台。一个人致富很容易，但带领着一群人致富才是选择的初心。"

永远将集体的利益放在第一位，将职工脱贫增收当作最大的责任，王军扬持续在沙棘的开发利用方面深耕，实现沙棘效用的最大化。

在取得初步成功后，王军

扬深知要想保持沙棘产业的可持续性，让沙棘种植户能够稳定地享受到产业红利，必须进行初加工并形成产业链，打造特色产品，树立品牌。2019年6月，王军扬和马建忠共同成立了新疆一七零团丝路沙棘生物科技有限公司，并共同投资

王军扬在查看沙棘果的成熟度

了沙棘原浆提取、沙棘果油分离、沙棘籽油二氧化碳超临界萃取设备，取得了良好的市场反馈。

创新是企业发展的命脉，王军扬深知创新的重要性。他不断督促自己与创新优势企业合作，采纳它们的先进做法，不断更新技术和知识。

谈到创新创业，王军扬认为："创业是非常艰难的，但也能在很大程度上实现人生价值。特别是做农业企业，一定不要着急，首先把基础性的工作做好，要坚守初心和情怀，也要有始终如一的韧劲。"

对他来说，始终没有动摇过的初心就是不遗余力地扎根基层、奉献基层，保持一名共产党员的初心和本色。王军扬说："扎根基层已经像沙棘一

般成为我的一种精神引领和力量图腾。沙棘能够在残酷的气候环境中顽强地生存繁衍，这种神奇的力量，令人敬畏和仰望，值得每个人学习。"

在遥远的边疆，王军扬是万千基层工作者的缩影。他们坚守着自己的岗位，默默奉献，用青春力量书写精彩人生，也为国家带来更多改变。"安于平凡，不甘平庸"是他们不变的青春誓言。

（文/董铁莹）

志合者，不以山海为远。

王然玄：我的"山海"在田畴

青春寄语 扫描二维码
即可收听

在阿者科这个海拔1800多米的哈尼族村寨，哈尼族人创造了"山有多高、水有多高、田有多高"的壮丽景象。游人如织，一名看起来并不属于这里却又与当地人熟稔的彝族青年穿梭其间。细细观察，他仿佛跟谁都能搭得上话，除了没有一辆到哪里都骑着的自行车，他与电视剧《山海情》中的青年干部马德福并无二致。在老乡们一声声亲切的呼唤里，彼时还挂职云南省红河哈尼族彝族自治州元阳县新街镇党委副书记的王然玄憨厚地

王然玄（左）为外国游客介绍阿者科

回应着。

一份军令状

2013年6月，红河哈尼梯田文化景观被联合国教科文组织列入世界遗产名录，成为中

国第一个以民族名称命名的世界遗产，也吸引着众多游客前来。在元阳县，19万亩梯田从山脚绵延到海拔2000多米的高山之巅，为这个"吉祥的地方"造就了得天独厚的"旅游资源"。

2018年1月，元阳县与中山大学旅游学院保继刚教授团队合作，共同编制了"阿者科计划"，要用旅游带动当地经济发展。2018年6月，共青团元阳县委副书记王然玄被县委组织部派到阿者科驻村，指导村民将这一计划落地实施。踌躇满志的王然玄心想："我在大学学的专业是市场营销，现在去做旅游也不算跨行。"可是他刚一进村，就遭到当头一棒，"村民们连'旅游'是什么都不知道，也不配合"。

除了作为世界文化遗产，电影《无问西东》曾在哈尼梯田取景，吸引了八方来客。王然玄发现，每年约有两万名游客自发来到阿者科村游览，但是村民并未实质性地参与进来，也未从"旅游"中获益。这种无序的旅游方式也引发了当地村民与游客之间的矛盾，"有些素质不高的游客直接跑到村民家里去，不打招呼就开始拍照，将心比心地讲，任谁也接受不了"。最让王然玄头疼的是游客对于民族习俗的不了解，比如"祭寨神林是哈尼族每年春耕开始前举行的一种祭祀活动，祈求来年风调雨顺、五谷丰登、人畜平安，可是有的游客直接就闯入了寨神林，这让村民们更加反感"。

还有一个因素也阻碍了

"阿者科计划"的顺利实施，那就是传统民居保护的需要与村民们新建住房的想法之间的矛盾。阿者科村哈尼族传统民居有50余栋茅草屋顶"蘑菇房"，被专家们认为是元阳县保存最完好的哈尼族建筑群，但那些想住新房的村民们不能理解："为什么我盖了水泥房不能住，非得让我住这茅草屋？蘑菇房不是我们想住，是你们城里人想看。"

王然玄（右侧戴眼镜者）与村民们一同商讨乡村旅游发展事宜

为了做通村民们的思想工作，王然玄就用最浅显的语言向大家解释什么是旅游——就是"一群在城市里住腻了的人来乡下看看，我们提供吃住服务，来的人就会给报酬"。但村民们不理解这种土味"旅游"的概念，也不相信真的有"天上掉馅饼"的好事儿。王然玄回忆道："那段时间村民看我和同事的眼神就像在看骗子。"

今日的王然玄已经能够笑言一切，没有人知道他与同事们当时付出了多少努力。他们无数次被人当"空气"，甚至被赶出门。几番周折下，党员的率先垂范作用在这片淳朴的土地上落地生根，他们陆续说动村民们投身旅游建设。

2018年9月，与"阿者科计划"相配套的元阳县陌上乡村旅游开发有限责任公司成立。村民以村庄、梯田等文化景观入股占70%，县政府出资占30%，由中山大学保继刚教授团队提供智力支持，全村村民签订了乡村旅游发展协议。在村民的半信半疑中，王然玄与驻村同事们立下了军令状："一个月内大家看不到钱，我们自己走人！"

立下军令状的王然玄心里也没有底气，唯有忙碌可以抚平他内心的焦躁。村民文化水平不高、语言不通，他就积极协调相关单位为村民进行乡村旅游发展培训，指导村民进行人居环境整治。为了更好地宣讲这片土地上的故事，王然玄自购设备，学习技术，为阿者科村拍摄了第一部宣传片。为了提高游客体验度，王然玄又

和村民复建了一系列传统生产工具与设施，如水碾房、织布机等；制定了菜单式的旅游方案；将村里的指示牌设置为多种语言。他们还主动邀请知名旅行社到村里考察，与7家旅行社签订了合作协议，扩大旅游产品销路。

每天的收入由村民自己结算监督，公司经营规范后，游客多了起来，村里的大喇叭也忙了起来："每天都会在广播站播报今天的营收额，这是一天中最痛快的时刻。"

2019年3月8日，是哈尼族的昂玛突节，阿者科村村民迎来了第一次分红大会。66户人家分别获得640元到1600元不等的红利。王然玄看着村民从红包里把钱抽出来清点，眼睛有些发酸，鼓掌鼓得手发

麻。从这以后，村民们看向他的眼神里就多了一份信任，毕竟他们前一年的收入，人均才3000多元。

作为申遗成功的重点传统村落，"阿者科计划"团队制订了全新的乡村旅游发展分红方案，属于村民的分红按照传统民居分红、梯田分红、居住分红、户籍分红"四三二一"的分配结构执行，森林、村寨、梯田、水系"四素同构"生态环境的原真性、完整性和可持续性得到有力保障，传统习俗和生活生产方式的基因传承得以有效维系。

仅仅一年时间，全村实现旅游收入71万元，举行了3次旅游分红大会，户均分红5440元。更让人欣喜的是，外出务工青年也开始陆续返乡，乡村旅游就这样盘活了人口外流的古老村庄。

因为艰苦，所以值得

大学期间，王然玄去上海游玩，站在人民广场上时曾立志："人要在这种地方混得出人头地才叫成功。"从2013年他来到基层锻炼，至今已超过9年。这些年里，王然玄走过最难走的路，重复过数不清的话。再谈起"成功"，他已

王然玄（右）参加旅游行业会议

经有了更深刻的理解。王然玄说："现在我觉得不一定要在大城市，在农村里通过努力，哪怕只参与其中，能够改变农村的一个现状，对我来说也是人生价值的实现，就是一种别样的成功。"

谈及在农村一线工作，王然玄感慨道："在基层一线干事，首先你得不惧，敢为人先，同时要坚韧不拔、有恒心。相对而言，农村基层一线条件确实比较艰苦，但正是因为它的艰苦，才值得你的付出，才会有特别的奋斗效果。"

还有一个让王然玄刻骨铭心的故事：在"阿者科计划"推行之初，村民们并不买账。走投无路之下，着急上火的王然玄只得求助当地一名德高望重的老支书。因为语言不通，

一番连说带比画之后，这位老人对戴着党员徽章的王然玄说了一番话："娃娃，我不知道你们要干什么，但我知道你们是共产党派来的，共产党是不会做坏事的，我相信你们。"随后，已近耄耋之年的老支书步履蹒跚地带着王然玄，挨家挨户做通了村民的思想工作。后续在同事们的共同努力下，阿者科计划得以顺利实施。

这名老支书已经在2020年去世，但对于今天已成长为元阳县攀枝花乡党委副书记、乡长的王然玄而言，当时那番话就像一面旗帜。每当遇到困难、动摇的风在脑中吹过时，这面代表着信任、"随风扬起"的旗帜就成为推他前进的动力，陪着他与阿者科的老乡们一同走过脱贫攻坚的风雨，走

向乡村振兴的明媚。在与老乡们一同前进的路途上，王然玄先后获得"全国脱贫攻坚先进个人""云南省优秀共产党员""全国乡村振兴青年先锋"标兵等荣誉。

滇东南，永远有属于王然玄的一片"山海"。

（文/于丹）

红色生命力，乡村新图景。

卞盛洁：乡村里盛开的红花

青春寄语 扫描二维码
即可收听

高邮市位于江苏省中部，紧邻高邮湖，历史悠久，是卞盛洁从小生活的地方。

阳光下，湖面熠熠发光。几只鸭子不停地扎着猛子，划出长长的波纹荡漾到岸边，被一双白皙的小手接住。澄净的湖面，倒映出鲜艳的红裙子和一张稚气的小圆脸。这个10岁的小姑娘在想："湖对岸到底是什么呢？"那时卞盛洁最大的愿望，就是化成波纹，漂到湖对岸。但她未曾想到，十几年后，抵达对岸的自己会再次"漂"回来。

选择

卞盛洁的童年并不如意。父亲创业失败后，她在市场上卖过粮，挨家挨户地上门卖萝卜，过年被催债人吓得不敢出声，常常一个月都吃不上肉。童年的清贫给当年那个10岁的小女孩留下了深刻的印记。

之后的卞盛洁考学、创业，马不停蹄，2010年大学毕业后，她瞄准电商风口，做起了国际淘宝业务。她形容自己"像只不知疲倦的开荒牛"，踏实肯干、能吃苦。别人起步早，她就熬更多的夜、睡更少的觉、跑更多的厂子。几年过去，卞盛洁有了漂亮的成绩：做到了阿里巴巴鞋包和家居两个行业的第一，年销售额7000万元。

然而卞盛洁的创业并非一帆风顺，也有意外和惊险。有一年，受国外金融波动影响，平常很轻松就能卖出20万双的雪地靴，一时间连一双也卖不出去，生性乐观的她平生第一次感到绝望：几万双鞋子堆积在仓库，也压在她心头。幸运的是，身边的朋友和电商园区的同行向卞盛洁伸出了援手，大家用自己的销路，把所有囤货在两个月内全部卖光。

这件事对卞盛洁的触动很大，她感慨道："如果说自己前几年创业是'闷声发财'、有所保留的话，从这之后，只

要有人问我，我真的会毫无保留地告诉人家。很感谢朋友们向我伸出援手，也打开了我的心，让我知道，蛋糕只有一起做，才能做大。"

2015年，高邮城南新区招商引资，为返乡创业者提供资金和政策支持，受邀回来的卞盛洁，时隔多年后，头一回认认真真地打量自己长大的地方。坐在下乡的车上，她心里泛起一丝酸楚：自己已然有了更好的生活，可村里的一切似乎还是老样子——卖不出去的水果，只能眼睁睁地看着它们烂在地里，没有销路的农户唉声叹气。

这一次，卞盛洁决定伸出援手，用多年的经验，带动乡亲们走一条电商脱贫之路。2016年，在政策支持下，通

卞盛洁（左）在接待前来拜访的创业青年

邮电子商务产业园建成，卞盛洁担任高邮市通邮电子商务产业园发展有限公司董事长。经过6年多的发展，产业园区注册商户达500家，销售额累计达40多亿元；产业园还在扬州市其他乡村建立了60多个电商服务点，带动周边区域协同发展。

2018年，产业园区还成立了高邮市通邮电子商务职业培训学校，举办了450多场各类电商、职业技能培训，线上培训超过10万人次，线下达1.8万人次，孵化了2000多名创业者。

卞盛洁的这只援手从未抽回，一直扎扎实实地留在了高邮。正因为卞盛洁年少时体验过贫穷，所以见不得别人受苦。在一次外出培训中，她看到当地的贫困失学儿童，便萌生了集体募捐的想法："创业者要有反哺意识，自己变好了，也不要忘记拉别人一

卞盛洁在清点园区为援鄂医护人员捐赠的物资

把。"2017年4月，卞盛洁组织产业园区内的商户牵头开展"通邮花开"公益募资活动，并设立专项资金，帮助贫困学生顺利完成学业。她还积极组织爱心人士为儿童福利院、残疾人康复中心、贫困家庭捐款捐物，累计资助贫困儿童270多名，募捐资金和物资累计70多万元。

在卞盛洁的影响下，反哺的种子渐渐开枝散叶。2020年新冠疫情防控期间，产业园区内的创业者们主动为滞销的农产品带货，在共青团江苏省委组织的"助农行动"中免费为农户直播带货15万单，销售额达400多万元，大家还先后3次为援鄂医护家庭送上大礼包，捐款捐物50多万元。

谈到心路历程，卞盛洁笑着说："如果说我真的想做点什么，那就是让村里的人们也看看外面的世界，看看世界在发生什么，我们能做些什么。"

不舍

通邮电商园设在农村，卞盛洁经常和农民打交道。建立产品库时，她就定下一条"死规矩"——绝不收农民的"坑位费"。这意味着不仅在直播间免费帮农民卖货，在商品详情页里为他们免费"包装"，还为他们免费拍片进行宣传。

产品库里的所有产品，都

是卞盛洁仔细了解农户的情况后一家家收上来的，她会一遍两遍，甚至很多遍地说服农户真的有"天上掉馅饼"这种免费卖货的好事。卞盛洁一直形容自己是农民的女儿："收他们钱，我真舍不得。"

为这一句"舍不得"，卞盛洁打造出一条完整的集品牌策划、包装设计、直播带货、全渠道销售于一体的电商脱贫生态链。看到农民搬出自家做的几十麻袋粉条，她请人制作手绘图案，免费为农户设计宣传文案，用精美的罐装代替麻袋装；稻米在加工中会产生碎米，村民不知道如何卖这些碎米，只能任其白白浪费，卞盛洁发现这种碎米胚芽率高，营养价值丰富，就打造成适合小孩吃的"宝宝米"。

卞盛洁提供的几乎是"保姆式"服务，她想让农户都参与进来，这样他们的日子能过好一点。后来，不只农民信任她，越来越多的年轻人觉得"看到了前途"，也愿意深入农村。2018年，高邮市通邮电子商务职业培训学校在当地团组织的牵线搭桥下，与多所高校开展接轨式岗前培训，为大学生提供就业培训、职业规划、创业支持等一站式服务，截至目前已累计培训孵化超过2000人次。产业园内还成立了团支部和直播行业团工委，建立"青年学习社"，定期组织开展主题交流活动，提升青年创业者的综合素养，解决他们的实际困难。

卞盛洁说："大家都有一颗向往美好生活的心。我想把资源优势、政策优势，和大家整合在一起，探索出一套可以推广传播的模式，一起把乡村振兴做深、做扎实。"

红火

卞盛洁又被大家称为"红裳讲师"，她的衣柜里挂着十几件红色衣服，从衬衫、裙装到外套，各式各样。大家只要远远看见一个"红点"就知道，卞盛洁来了。

卞盛洁喜欢红色，她认为红色"热气腾腾，有种挡不住的生命力"。如今，这股红色的生命力正从她身上漫向更远的地方。

在高邮，乡村生活发生着巨大的变化，农民增添了"主播""博主""站长""讲师"等新的身份，收入来源除了传统的种地、养殖，还增加

了做直播、搞策划，空闲时大家不再打牌、谈论家长里短，一开口都是"今天直播了多少""谁家货卖得更好"。

附近村庄的农民也被吸纳进来，大家平时忙完自己的事，还可以过来打包快递、兼职客服、运营产品，甚至不少人从山西、内蒙古、黑龙江慕名而来。

好多人问卞盛洁会不会觉得累，她的回答是"不会"。在她这里，一朵花不会枯败的秘诀在于挣扎着向上生长的心，在于对自我价值的恒定追求，她也始终这样践行着。一开始回到高邮，有人私底下议论卞盛洁，"肯定是混得不好才回来"，她也不解释，只要认定自己做的事情是对的，便不会回头。

这些年里，最令卞盛洁高兴的不仅是大家的钱包鼓了，还有身边人的成长。其中"袖珍女孩"周莉让她印象最深，这个身高不足120厘米的姑娘，话少、性格内向。2018年，周莉家乡的黄桃没有销路，6万斤烂在地里，卞盛洁知道后，赶紧发动各种资源，保住了余下的4万斤。第二年，卞盛洁牵挂周莉的境况，谁知这个原本自卑的女孩竟然给她带来了好消息——一年来，周莉参加了园区培训，已成为当地小有名气的电商主播，今年还把家乡的10万斤黄桃销售一空。

在卞盛洁的影响下，越来越多的人在发生改变，踌躇的人变得自信，疑虑的人变得实干，大家群策群力，先富带动后富，涌现出越来越多的"卞

卞盛洁（左）与返乡大学生在直播

盛洁们"。起初，和她打交道的大部分是农民，现在70%都是年轻人，其中30%是大学生。卞盛洁欣喜于这种变化："这说明，农村在青年人眼中是大有可为的！"一批批年轻人返乡创业，扎根农村，为脚下的土地注入更多活力。

2018年，卞盛洁荣获"中国农村电商致富带头人"；2021年，荣获"江苏省巾帼建功标兵"和"扬州市十大杰出青年"；2021年12月，卞盛洁被共青团中央、农业农村部授予首届"全国乡村振兴青年先

锋"标兵称号。

因为对生命价值的追求、矢志不渝的坚持，以卞盛洁为代表的青年们构筑了广阔的心灵链接，汇聚成中国乡村振兴的繁荣图景。她不禁感慨："现在农村生活好了，但我们还要心往一处想，大家都能在互帮互助、真诚奉献中获得价值感和幸福感，不断影响更多人，这是多么有意义的事啊！"

（文/屈舒鹤）

俯下身子，在基层扎根。

文竹：北极镇的每一处变化，都是我青春的见证

青春寄语　扫描二维码即可收听

北纬53度，"神州北极"，黑龙江畔，伫立着一座边陲小镇——黑龙江省大兴安岭地区漠河市北极镇。这是一片苦寒之地，年平均气温零下5摄氏度，1989年出生的文竹，宛如一棵"北极竹"深深扎根于此。在过去9年多，她从一名大学生村官成长为乡镇干部——漠河市北极镇党委书记，北极流动党员驿站党支部书记、站长。文竹以青春的热忱带领乡亲们脱贫致富，从不被村民看好的"女娃"变成了村里人的"文闺女"，她扎根北疆的初心始终没变。

乡村要振兴，谁带头干？

2013年，文竹从牡丹江师范学院毕业，她放弃了去阿里巴巴集团工作的机会，以大兴安岭地区第二名的成绩，考上了漠河市北极镇洛古河村党支部书记助理。

文竹自幼在漠河长大，她的祖父来自湖南湘潭，参加抗美援朝战争后留在东北支援边疆建设。作为优秀毕业生，文竹回到基层工作的选择，一度遭到同学们的不解乃至嘲笑，但这反而激起了她不服输的劲

头：你们都觉得我不行，那我一定要行！还要做到最好！

洛古河村地处黑龙江源头，离北极镇政府50多公里，交通极为闭塞。2013年8月，文竹坐上皮卡，在坑洼山路上一路辗转，前往洛古河村赴任。村支书、村主任、老会计全体出动，开着一辆拉货的单排座卡车来接她。一路颠簸到村口，看着一眼就能望到头的村子，文竹的心凉了半截——村里仅有47户84口人，老的老、小的小，没有几个青壮年。

初到洛古河村的文竹，一个人住在村委会，8平方米的房间几乎空无一物。她自己动手架起了一张铁床，用报纸糊在窗户上遮光。更尴尬的是，村里唯一的公共厕所在村委会500米之外，村民们过着"日出而作、日落而息"的生活，到了夜晚，路上几乎没有人。为了减少去厕所的次数，文竹从下午开始，便不吃不喝，结果，才来两周她的体重就轻了10斤。

理想的落差、艰苦的环境，并没有吓倒文竹。当了解到之前分配到村里的两名大学生村官分别只待了半年和三个月便相继离开后，从不服输的文竹反而愈发坚定了要留下来干出一番事业的信念。她说："东北的乡村要振兴，年轻人不回来，谁带头干呢？"

到任的第二天，文竹便开始挨家挨户熟悉村情，逐条逐项理顺工作。条件虽艰苦，但她的工作热情丝毫不减。她将村里为数不多的青年人召集起来，组建文艺宣传队，联合驻地部队开展共建活动，大大增强了洛古河村青年的归属感和凝聚力；她还鼓励大家开办农家乐、成立游艇公司，让北极镇当年的年收入翻了一番。

文竹第一次参加村里党员大会时，发现党员出勤率并不高，而且年龄普遍偏大，党组织软弱涣散。经过仔细考虑，她决定为党员们设计一套全新的学习方法——用电脑看视频、用微信上党课、用大喇叭听党章，同时丰富授课内容，比如传授农业技术知识、增加文明礼仪培训等。这样一番别出心裁的举措，使村党支部党员的参学率从不足50%增加到95%，许多不是党员的村民也愿意旁听党课，洛古河村的年轻人争相参与党建活动。不久，党支部陆续发展了4名年轻党员，培养了3名入党积极分子。

在洛古河村的3年里，文竹还创建了"身在龙江源、走在群众前"的党建载体，开展农民党员设岗定责、树立致富带富典型，组织党员植树、义务巡江、义务防火……如今的洛古河村发展得越来越好。

身在最北方，心向党中央

2016年，洛古河村党支部书记助理的3年聘期结束后，文竹选择了续签。同年，北极

文竹（中）和同事一起巡江

文竹（中）检查自来水厂设备运营情况

镇党委班子换届，她当选北极镇党委委员、宣传委员。

建立好家风，树立好民风，树立北极旅游名镇名村形象，这是文竹很早就确定的工作思路。为提高村民素质，她组织各村开办"道德讲堂""村民夜校"，组织青年人现场讲演、先优评比，鼓励各村每年评选"北极先锋之星""北极星级文明户"和"北极文明家庭"。在她的指导和带动下，北极村被评为"全国文明村"，北红村被评为黑龙江省"美丽家园示范村"，洛古河村被评为"省级文明村镇标兵"。

2017年5月20日，为进一步夯实边境党建堡垒，加强对外来党员游客在边境的教育、管理和服务，北极镇按照漠河市委的总体部署，开展"党建进景区"活动，在北极镇景区的黄金地段筹建北极流动党员驿站，文竹被任命为站长。现在，北极流动党员驿站已经成为叫响全国的党建红色品牌，每天都吸引着络绎不绝的游客和流动党员前来"打卡充电"。

在流动党员驿站，文竹曾经接待过一个来自北京的革命之家：爷爷是90岁高龄的老革命，儿子是现役军人，小孙子才7岁。当小孙子一字一句地把入党誓词念出来的时候，曾火线入党的爷爷在一旁偷偷抹眼泪。他说，在祖国最北边的流动党员驿站与自己的儿孙对着党旗宣誓，就是要扎红根、传红心，把信仰永远传承下去。

文竹说："流动党员驿站是北极镇景区的特色，也是我工作上的一点小骄傲，就是让所有来到漠河的党员都能够找到党组织，找到家。"驿站成立以来，已有1.5万多名党员报到登记、近8000人留言，驿站也经历了升级改造与扩建，教育服务功能日益完善。"小驿站，大堡垒"，驿站已成为祖国最北边境上的靓丽红色风景线。

"这个屋子虽小，但这就是最典型的看齐意识！"2017年6月，中共中央组织部原部

文竹在北极流动党员驿站进行讲解

长张全景在视察漠河时对北极流动党员驿站给予这样的评价，并题词"身在最北方，心向党中央"。

把"冷资源"变成"热经济"

2021年初，文竹当选北极镇镇长。她凭借漠河市创建全国文明城市的契机，积极谋划产业项目，打造"能吃、能看、能品"的北极旅游产业链：吃"最北"瓜果，打造庭院经济，把传统农业向观光农业转变；看"最北"花海，打

造占地8000多平方米的庆祝建党百年主题花海，在美化环境的同时增加经济效益；品"最北"风光，让游客感受自然的生态景观、人文特色和边境党建，把"冷资源"变成"热经济"。

为帮助村民增收，文竹又盯上了新媒体带货。在她的鼓励下，北极镇的直播网红越来越多，很多年轻人回到家乡、建设家乡。慕名前来的游客逐

2021年，文竹荣获"全国优秀党务工作者"称号

年增多，家庭宾馆、土特产店都跟着火起来了。全镇人均年收入达到2.8万元，村集体年经济增收超过30万元，北极镇先后被评为"全国文明村镇""全国先进基层党组织"。文竹也先后获得"最美基层高校毕业生""全国优秀党务工作者""全国乡村振兴青年先锋"标兵等荣誉。

在北极镇9年多来，"软妹子"文竹已然练就了十八般武艺：项目建设、绿化环卫、乡村治理、基层党建、信访维稳、招商引资、水电改造、庭院经济、花海工程、抗疫防汛……这些曾经想都不敢想的事情，如今她已驾轻就熟。当一批年轻人还在感慨青春迷茫之际，文竹却非常自豪："我的青春不迷茫，因为这个镇里

的每一寸土地，我都用脚丈量过，北极镇的每一处变化，都是我青春的见证。"她给年轻人最大的建议，就是俯下身子、在基层扎根。

文竹说："这里有很多施展才华、实现人生价值的机会，不仅让你有双脚踩在祖国大地上的踏实感，更有被村民、被组织需要的光荣感！"

（文 / 徐吉鹏）

深入基层、服务基层、造福农民。

朱波：埋头苦干，为了中国好"牛"

青春寄语　扫描二维码
即可收听

在中国的农耕历史中，牛一直担当着极为重要的角色。进入21世纪，"牛"养殖成为中国落实乡村振兴战略的重要途径之一——据统计，全国畜牧业脱贫地区有近60%选择了肉牛养殖产业助推乡村产业振兴。

养一头好"牛"，至关重要。如何才能在千万年自然进化的基础上，通过科学选育的方式，找出更好的"牛"？中国农业科学院北京畜牧兽医研究所的牛遗传育种创新团队挑起了这个重担，朱波就是这群"挑担人"之一。2012年进入团队后，他积极投身肉牛育种工作，长期深入乡村、牧场一线开展调研和技术培训，先后发表SCI论文15篇，发明专利6项，拥有软件著作权10项，为肉牛产业发展作出了突出贡献。

朱波和小牛

做有意义的事

朱波出生于河南南阳，这里是我国四大地方黄牛品种之一"南阳牛"的发源地，从小在农村放牛的经历让他对牛产生了浓厚的兴趣。上大学时，朱波在河南农业大学读动物科学专业，一次参观公牛站时看到的景象让他大受刺激：跟国外的肉牛品种比起来，老家养的黄牛不仅体型小而且生长速度慢。他才知道，我国肉牛品种与国外的差距这么大。那时他就想，我们是否也能培育出这么优质的肉牛品种呢？

正当青春的年轻人，总有一腔以造福天下苍生为己任的热血。朱波是学农的，又是搞动物科学的，中国种牛事业的发展，他责无旁贷："为了培育我国优良的肉牛新品种，我在硕士和博士期间专攻全基因组选择中的技术瓶颈，期望通过自己的努力为农村养牛人增收创收。"

2012年，朱波进入牛遗传育种创新团队，参与构建了我国第一个肉牛全基因组选择参考群体，完成了"贝叶斯参数优化及并行运算"等理论研究。"贝叶斯参数优化"是当时团队起步阶段遇到的瓶颈问题，攻克这个难题的任务交到了朱波手上。大量的计算必须通过计算机编程来进行，这对当时数量遗传学基础差、不会计算机编程的朱波来说十分棘手。但他丝毫没有后退，白天做实验、搞科研，晚上自学 R 语言和 C 语言。编程语言学通后，更难的是公式推导，他不断向老师、师兄师姐请教，逐步掌握了数量遗传学理论。随着科研的深入，朱波脑海中经常会蹦出一些新颖的想法，有时工作结束回到宿舍后，越想越兴奋，大半夜睡不着，他索性爬起来回办公室查资料、想办法，寻找解决问题的思路。

作为主要技术负责人之一，朱波参与完成了肉牛全基因组选择分子育种技术体系的建立与应用。该成果获得原农业部2016—2017年度"神农中华农业科技奖"一等奖，所开发的系列基因组选择方法应用程序，大大缩短了肉牛育种的世代间隔，加快了我国肉牛遗传改良进程，提升了肉牛养殖产业的效益。

2018年8月，"首届全国种公牛拍卖会"成功举办，朱波作为该场拍卖会的主要技术负责人，首次应用全基因组选择技术来选择优秀种公牛，开创了我国种公牛拍卖的先河。通过该技术筛选的145头后备种公牛，总拍价达到1109.7万元，加快提升了我国肉牛种业自主创新能力和国际竞争力。

2021年，利用全基因组选择关键技术，项目团队主导培育的"华西牛"正式通过了国家畜禽遗传资源委员会审定，获得国家畜禽新品种证书，"华西牛"成为我国具有完全自主知识产权、产业核心竞争力和国际市场竞争力的专门化肉牛新品种。这彻底打破了国外对我国肉牛种业的垄断，标志着我国肉牛主导品种种源主要依赖进口的时代一去不返了。

据统计，2016年至2019年间，"华西牛"已在全国推广种公牛599头，推广冻精762万剂，累计改良各地母牛305.2万头，实现新增收益52.07亿元，增产增效明显，为打好肉牛种业翻身仗提供了强有力的支撑。

朱波总结道："现在，我们的牛推广面积已经比较广，牛体外貌基本上稳定下来了。"这些"信号"，是育种工作成功的标志。回想起"成功"的那一天，他依然很激动："干了这么长时间终于把品种培育成功了。看到当地养牛的老百姓都有钱了，心里也非常高兴，我们终于干成了一件非常有意义的事情。"

乡村、牧场，就是"战场"

被誉为"天边草原"的乌

朱波（左）在进行华西牛现场验收

拉盖草原，位于大兴安岭山地和内蒙古高原的衔接处，这里植被茂盛、日照充足，很适合畜牧业发展。

为了培育"华西牛"不怕严寒、不怕强紫外线照射的特点，朱波与同事们曾连续8年在乌拉盖开展核心育种群的生产性能测定和种公牛后裔测定工作。

进行肉牛生产性能测定，通俗的说法，就是给牛测定体重和体尺。牛是一种温顺的动物，前提是你别靠它太近。牛有强烈的自我保护意识，一摸它、一碰它，它就可能踢你。而且牛的力气极大，有时能一脚把围栏踢断。朱波的同事们没少挨踢，乌青傍身是这群科研工作者的"标配"。一直小心翼翼地跟"牛大哥"相处的朱波自己也被踢过不下10次。最疼的一次，一只牛蹄子直接踩在了他的脚面上……

2012年，乌拉盖的华西牛核心群有15家项目户。那时牧民家的条件大部分比较艰苦，有的住蒙古包，有的住破土房，测定数据时只有简单的围栏和通道，而围栏经常被牛顶开，要花大量的时间去维修。中午，朱波和同事们简单对付着吃桶泡面，吃完后就要立刻开展工作。因为紫外线照射非常强烈，没几天大家的脸就会爆皮。冬天天气寒冷、夏天紫外线强，他们白天冒着严寒酷暑露天作业，晚上就近借住在牧民的帐篷中。他们就这样在8年间完成了近4万头牛的生产性能测定工作。

最开始，牧民并不理解这群科学家为什么要这么辛苦地测定每一头牛。随着品种改良，牛价越来越贵，养牛的收益越来越高，牧民才逐渐理解了科学家们辛苦工作的意义。看着牧民的日子一天天好起来，朱波感到很欣慰："虽然这项工作很枯燥，周期很长，但我们也很高兴，因为我们持续的测定工作培育了华西牛新品种，为种业振兴提供了强有力的支撑，为扶贫脱困、助推乡村振兴提供了强有力的保障。"

任劳任怨的本色

朱波性格敦厚，不善言辞，谈到自己的成绩，往往一笔带过。他的导师，中国农业科学院北京畜牧兽医研究所副所长、牛遗传育种创新团队首席研究员、博士生导师李俊雅却对朱波的"冲劲"和"主动"印象深刻。

在河北农业大学读研究生时，朱波就参加了李俊雅研究员所在的牛遗传育种创新团队，相对于其他人，他的基础并不是很好。但是李俊雅发现，把项目交给这个小伙子之后，"他基本上属于从头来过，用现补课、现工作的方法，很快就搞定了"。工作踏实有冲劲，总是不怕苦不怕累冲在前面，让李俊雅对这个年轻人赞赏有加。

2020年5月，农业农村部组织农业技术服务团去西藏推进科技兴农兴牧工作，所里还在讨论人选，朱波就主动站了出来："我去吧！"在西藏工作的三个多月里，他几乎走遍了各个养牛大县，开展牦牛改良和优质牛肉生产等方面的调研和培训工作。期间，在多次出

朱波在西藏牛场

现高原反应的情况下，朱波戴着氧气瓶继续坚持工作，帮助当地从根本上解决牦牛繁育和生产效率低等问题，推动了肉牛产业的高质量发展。为此，山南市农业农村局给予他"不辱使命，不负重托"的高度评价。朱波说："我是党员，就得怀着为人民服务的心态，而作为青年科研人，还要深入乡村、牧场一线，了解农民的需求、产业的需求，才能找准科研方向。"

2021年，脚踏实地默默耕耘近十年后，作为团队骨干的朱波荣获首届"全国乡村振兴青年先锋"标兵称号。

每年，朱波都会有三到五个月的时间在外出差。出门时，小女儿就会眼巴巴地望着他说："爸爸你咋又要出差了，再陪我玩会儿啊……"每到这时，朱波的心里总是又难过又愧疚。好在妻子是他的同学，理解丈夫的工作性质，每次要出差时，她总对朱波说："放心吧！我会把家里和孩子照顾好的……"

牛遗传育种创新团队门口有一副对联，横批是四个大字："中国好牛"——一语双关，意味深长。牛有功于人，中国人对牛，从来都不会吝惜夸奖，甚至用"牛"来指代某些人类的优秀品质，"一生辛苦劳作、任劳任怨""只作贡献，不计回报"……朱波正是具有"拓荒牛"精神的科研人员代表之一。中国有这样一群埋头苦干的青年，我们有理由相信，中国的"牛"会更好，中国也必然会更"牛"！

（文/郝志舟）

善意就像一束光。

李子柒：不会忘记那些善意

"李子柒"成为互联网时空里为人熟知的名字，已有数年。时光荏苒，她依旧利落、依旧"月更"、依旧"隐身"。

2021年，李子柒荣获"2020中国文化传播年度人物"称号；同年，吉尼斯世界纪录发文宣布，李子柒以1410万的订阅量刷新了由她创下的"YouTube中文频道最多订阅量"的吉尼斯世界纪录；2021年12月，李子柒被共青团中央、农业农村部授予首届"全国乡村振兴青年先锋"标兵称号。

身为全国青联委员，这位美食短视频创作者与中国故事丝丝相扣。传统饮食、传统服饰、非物质文化遗产……没有一个字夸中国好，但讲好了中国文化，讲好了中国故事。

回望

2015年，李子柒以基层民俗文化、饮食文化、服饰文化等为主题，开始拍摄短视频，宣传家乡美食，推广地方非物质文化遗产技艺。

2017年，李子柒创设同名品牌，上架川式椒麻腊肠、酸辣粉、剁椒酱、蜀风红油火锅底料、柳州螺蛳粉等地方美食产品，助推地方农产品销售，带动供应链上下游产业发展及就业。

2019年，李子柒向国家级非遗蜀绣大师孟德芝拜师学艺，制作以蜀绣为主题的视频，同年8月担任成都非物质文化遗产推广大使，成为四川的代表名片之一。

2020年，李子柒被聘为中国农民丰收节推广大使和首个"国际茶日"推广大使。

乡梓

李子柒认为：在田园牧歌之外，乡土与阡陌间的人们，都与她相关。

李子柒深知："我们很多的传统文化都源自乡村，源自老百姓的衣食住行，传统文化和乡村发展二者之间一直都有着紧密的联系。传统文化的传承和保护有利于推动乡村振兴事业的发展，如果能达到传统文化与乡村商业共舞，那这本身就是乡村振兴事业前进的一大步。"

当选"全国乡村振兴青年先锋"标兵后，李子柒有许多感慨："真的非常荣幸能够获得这份荣誉，在新的百年征程中，乡村振兴也是我们每个年轻人义不容辞的责任。这份荣誉也是一盏明灯，它时刻提

李子柒（右二）参加2019年成都国际非物质文化遗产节

醒我要以身作则，切切实实起好带头作用，继续投身我们的乡村振兴建设。"李子柒坦言："我眼中当下的乡村生活并非大家旧有认知里的脏乱差、落后，这些外在的东西我们已经通过社会发展和自己的努力去改变了。现在我所在的农村已实现户户通路、山清水秀、鸟语花香，家家户户小洋楼、小院落……随着我们国家对乡村发展的重视，农村美、农业强、农民富指日可待。"

李子柒通过自己的行动，引领新时代视角下大众对乡土中国的认知。

光盏

"后来，我也成为一个发光体。"李子柒说，"被温暖过的人，不会忘掉那些善意。"

未成名时，李子柒尽管收

李子柒在杭州参加 2021 "国际茶日 · 大使品茶"活动

入微薄，却多年来资助四川平武的孤儿完成学业。

2017 年 8 月，李子柒捐赠个人私物藏品进行在线拍卖；2019 年，向基层小学捐赠图书 1700 多册，4800 多名学生受益。她还帮助布拖县地木村 115 户贫困户安装窗帘，捐款 8.8 万元；向绵阳偏远山区贫困儿童、城乡特困老人捐赠月饼，投入资金100多万元，惠及3120人；为绵阳北川9所小学捐赠电脑100台，改善农村学校教学条件。2019年，她被中国扶贫基金会授予"善品扶贫大使"称号。

2020年新冠疫情期间，李子柒向家乡绵阳捐出10000个医用外科口罩、1000个N95口罩；向其他省市捐赠抗疫物资，包括口罩40000多个、医用手套20000多双、防护服1000多件；同年8月，绵阳遭遇多轮强降雨天气，引发严重的洪涝和泥石流灾害，水利设施、农房、农作物损失惨重，她又为家乡灾区捐赠物资2900多件……

至于积极投身公益事业的初衷，李子柒只看作是某种"直觉"。她说："我出生在农村，也因为家庭原因，我就是那个曾经真正被政府、被社会好心人帮助过的对象，也因为社会的这些善意，才有了大家今天看到的李子柒。这些经历我从不曾忘记，所以当有一定影响力的时候，也想把这些善意回馈社会。这是责任，也是必须。"

李子柒说："善意就像一束光。我就是那个被这束光温暖过的人。我也相信，所有被这些光芒温暖过的人，当自己有能力的时候也都会成为一个发光体，继续把这些光传递给更多人，温暖更多人。不论社会如何发展，世界如何向前，'善'为人之本，本就是这个世界最有力量的存在。"

而在"李子柒"成为某种"风格标签"之后，她仍想要

"探险"。"事儿是'死'的，人是活的。只要我们的日子在继续过着，视频创作就有无限的可能。视频创作只是一种形式，归根结底在于内心。以后我会坚定心之所想，用实际行动来体现和证实未来的路。"

李子柒说，"我们有幸成长在一个好的时代，国家给了我们安定美好的创业环境，随着互联网时代的发展，我们应该利用社会资源，通过自身努力，更多地去展示、推广我们的美好乡村。"

（文／韩冬伊）

把贫瘠的家乡变成大美贵州的典范。

杨安仁：奔跑在共"桐"富裕的道路上

青春寄语　　扫描二维码
　　　　　　即可收听

"创业的道路上，没有什么成功的捷径，专业知识、创新思维、毅力与决心缺一不可……"鲁东大学农学院毕业生杨安仁这样分享他的创业经验。今年31岁的他，在师弟师妹眼中是一个不折不扣的传奇人物。

油桐树下

1992年，杨安仁出生在贵州省独山县东泥村。这个四面环山、交通闭塞的小山村，因得天独厚的地理环境和适宜的气候条件，成为中国种植油桐树的天然林场。

杨安仁的童年乃至中学时代几乎都是跟随父亲在油桐树下度过的。在这里，他见证了父辈种植油桐树和经营加工桐油的艰辛。2004年，父亲经营的公司营收已达几百万元。然而2008年，灾难接踵而至，先是父亲出差途中遭遇严重车祸，紧接着公司遇到了席卷全球的金融危机，桐油生意一落千丈。仅仅一年时间，这个独山县曾经的农业龙头企业，就背上了400多万元债务。

急转直下的遭遇，让当时正在读高中的杨安仁不得不思考如何挑起振兴家族企业的重担。2010年高中毕业，他放弃了考大学的机会，从县城回到了位于独山县尧台大坡山丘上的公司。

经过一番市场调研后，杨安仁决心改变父辈自己栽培、采收、加工的传统桐油经营模式，计划建立大型油桐基地。当时，他面临的最大问题就是缺乏资金。为筹措土地流转所需资金，他做通家人工作，出售了在县城购买不久的住宅，开发了1765亩荒山。为节省资金，杨安仁身兼负责人、搬运工、种植者等数职，累得时常靠着路边的树就睡着了。汗水滴落处，杂草丛生的荒山长成了茂密的油桐森林。2011年，他在独山县建成第一个油桐示范林；2013年，又建成3600

杨安仁在油桐基地

亩的第二个油桐示范林。

然而在父母眼中，耽误孩子上大学始终是他们的遗憾。2012年，父亲劝说杨安仁："孩子，现在公司和基地都比较稳定了，你还是到学校补习补习考大学吧。走出大山，到外面多学习、多看看，有了文化、有了知识，你才能走得更高、更远。"杨安仁虽然答应了去学校补习，在学校周围租了房，实际上却琢磨起了油桐基地发展规划。直到离高考还剩两个多月时，他才重新拿起课本突击复习。2013年9月，他被鲁东大学农学院录取，成为学校这一届新生中年龄最大的一个。

知识定航

曾经的杨安仁并不觉得读了大学会对油桐基地建设有多大意义，但真正进入大学校园后，他愈发理解了知识的重要性，也找到了前进的方向和方法。

在校期间，杨安仁把自己的生活安排得紧张有序：学院实验室里常常有他挑灯夜战、潜心钻研的身影；学校开设的创新创业和经济管理课上，时常能够看到他和老师、同学交流探讨；校内外组织开展的各类竞赛场上，也常有他顽强拼搏、奋勇争先的身影。

杨安仁就读期间的班主任张娟介绍："他每天雷打不动地要拿出两个小时浏览新闻和投资信息，一旦让他知道了老师要参加某些论坛、活动，他就会软磨硬泡跟着老师去参加。"

学习之余，杨安仁一直挂心着老家的油桐基地。他每隔几天就会与父亲及员工进行业务联系，了解油桐基地生产状况，探讨公司的发展问题。每年寒暑假结束返校时，他的行李箱里总是装着油桐基地的土壤和油桐果，带回学校自己进行检测分析，然后根据分析结果请教老师以便更精确地改进基地管理。

大学四年，杨安仁专业课的成绩在班上稳居前三。他还加入了中国共产党，多次获得山东省政府和学校颁发的奖学金，获得"创青春"全国大学生创业大赛金奖、山东省"齐鲁最美青年"等荣誉……

杨安仁这样概括自己大学四年的收获："大学实行的应用型人才培养模式，给我的创业指明了方向：有了知识和技术，企业才能战胜前进道路上的艰难险阻，实现从劳动密集型向科技密集型的蜕变。"

共同富裕

2017年6月大学毕业，杨安仁婉拒了国内多家大公司的高薪聘请，他说："是家乡的山水养育了我，我要把学到的知识服务于家乡和人民。"回到家乡，杨安仁又一头钻进了油桐林，看长势、查病因、找对策……毕业五年多来，他带

杨安仁（右）与中国林业科学研究院陈益存研究员开展油桐良种选育实验

领团队重组了公司油桐产业架构，建立了集自主选育优良品种、规模化栽培、加工、研发于一体的油桐产业化链条。

为带动更多山区农民增产增收，杨安仁在充分调研的基础上，因地制宜重新调整了油桐产业布局和经营模式，基地从贵州扩展到相邻的重庆、四川、湖南等地，经营模式也由过去单一的企业自建，转变为企业自建、社企共建、农企共

建、农民自建等多种经营模式。他还在一些基地实行了新模式：由村农业合作社协调流转村集体及个人荒山，以土地形式入股，公司负责资金、技术和托管。每年公司除了向村集体提供固定的土地租金，还会再给予最高20%的分红。现在，基地已经基本实现了荒山亩产收入过万元的目标，当地山区农民真正成为土地的主人、企业的工人、投资者三重身份合一的新农人。

谈及创业，杨安仁说："要实现山区农民共同富裕需要企业协力帮扶。而企业的发展壮大离不开科技的支撑。"他的话语中始终离不开"科技"二字，这是公司油桐基地2015年发生的一场大灾留给他的教训。2015年八九月间，

5000多亩油桐树经过3～5年生长期开始挂果时，却相继爆发了枯萎病，面对着一片片枯死的油桐树，杨安仁顿感天塌一般。不幸中万幸的是，在鲁东大学和中国林业科学研究院亚热带林业研究所专家的指导下，杨安仁成功选育出油桐树抗枯萎病品种。

自2017年毕业以来，杨安仁在贵州及周边省市先后开发建设了9万亩油桐基地，建立了全球唯一抗枯萎病油桐基地和国家油桐种质资源库，获得梁希林业科学技术奖"科技进步奖二等奖"，带动民族地区近4000名农民就业和2000多名农户脱贫。2021年，他被共青团中央、农业农村部授予首届"全国乡村振兴青年先锋"标兵称号。

如今的杨安仁有了更长远的发展目标与规划："把贫瘠的家乡变成大美贵州的典范，让家乡的父老乡亲脱贫致富，共同走上小康之路，是我回乡创业的动力，更是我们新时代青年的责任与担当。"

（文 / 季文豪）

杨安仁作为特邀嘉宾参加中国青年创新创业发展峰会

当农民也是一个体面的职业。

吴江：返乡务农，我的青春不虚度

青春寄语　扫描二维码
即可收听

2010年，吴江大学毕业后，在上海一家公司担任电子产品结构设计工程师，月薪优厚。当时的他不曾想到，自己两年后会从公司辞职，原因竟是想回乡务农——这完全违背了当初父辈供他读书的意图。

转折点来自一位能人——凌继河，他在吴江的家乡江西省安义县远近闻名。2010年，凌继河创办了江西省绿能农业发展有限公司（以下简称"绿能农业"）。2012年国庆节，吴江回乡，见到了凌继河，一番寒暄后，凌继河热情地说：

"公司的发展需要懂科技的人才。以后当农民也是一个体面的职业，家乡的农业发展需要你们这样的年轻人加入啊。"被这样的激情感染，吴江便辞职回乡务农。10年过去了，如今他已成为绿能农业总经理。

家乡比大城市更需要我

提到当年的辞职，吴江说："回乡加入这个团队，我最初的岗位是烘干部技术员，每月只有3000多元的收入。但我相信农业的前景好，相比城市，这里更需要我。"

2013年，公司推广再生

稻——在一季稻成熟之后，农民割下稻株的上三分之二，水稻下面留下的部分会生出新的腋芽，不用再施化肥和农药，两个多月后它们再次成熟，稻米更香、口感更细腻，但安义县当地的农民没有种植再生稻的习惯。与绿能农业合作的农民李凤飞就提出了反对意见："我种了20多年的地，再生稻不会有多大产量，这样搞简直就是劳民伤财，没有任何意义。"吴江劝他："先搞50亩地试种一年再生稻，公司给你保底每亩地多收200元。"到了年底，按公司的激励制度，李凤飞每亩地比往年多拿了300元超产奖，他对吴江说："今年要谢谢你，再生稻让我多赚了15000多元，来年我要把再生稻种植面积增加300多亩。"

然而吴江在公司2013年推广再生稻的实践中发现了问题：收割机清出来的稻草压在稻桩上，导致再生稻腋芽无法正常生长，严重影响产量，人工把稻草挪开费时费力又容易踩踏稻桩。

2014年春，吴江联系收割机厂家，利用自己的专业特

吴江与农机

长，提出了给收割机加装稻草粉碎机的设想："如果稻子在第一季收割时直接粉碎上部秸秆，撒到田里就能成为天然肥料，不影响再生稻生长，还能增加产量；而在机械生产方面，加装一个粉碎机完全可以做到。"

吴江在察看水稻长势

经过几番交涉，吴江提出设计框架的水稻收割兼秸秆粉碎机投产了，新式设备在绿能农业投入使用后，再生稻的亩产量由原来的200斤翻倍到400斤。

2015年6月，踏实肯干的吴江被公司提拔为经理。对农业公司的发展来说，土地规模扩展一直是个产业难题。绿能农业虽然从2010年就开始了集中连片流转土地，但到2016年前后，公司的发展规模很难上去，吴江和同事们想出

了新点子："从2017年开始对农户提供社会化服务，为农户解决机械化统一服务、技术服务、农资供销服务、订单生产服务。"

2017年，安义县农户熊林煊承包了300亩田地种水稻。由于旱灾和虫害，2018年他亏损10多万元。经人介绍，熊林煊2019年签约了绿能农业的"田保姆"全程服务，种子、化肥、农药全部从绿能农业购买，打田、播种、植保、收割也全交给绿能农业。这几

年即使遇到比2018年更严重的灾害，由于绿能农业植保到位，熊林煊不仅补回了损失还有收益。安义县东阳镇种粮大户李小春2017年购买农业机械，回乡承包了300亩田地，也和绿能农业开展了半程式社会服务合作。他说："要是知道绿能农业可以代耕代收，当初农机都不用买了。"吴江认为：中国的农业发展，不搞土地兼并，在国家有土地所有权、农民有经营权的情况下，企业找好合作方式，仍有扩大土地经营规模的广阔空间。

在家乡，我的青春更有价值

为促进公司与村民的合作，吴江很是费了一些脑筋："要帮农民富起来，要符合国家政策，还要保证公司的利润，得找到一种好模式。"绿能农业探索了多种与农民的合作模式，带动传统小农户转变成拥有租金、股金、薪金、奖金的"四金"现代农民。

流转有租金，绿能农业对流转土地的村民，每亩每年向他们支付500元的租金，这是当地市场最高价；入股有股金，绿能农业建立了"公司＋合作社＋农户"的运行机制，对以土地经营权入股绿能农民专业合作社的村，合作社不论盈亏，每亩每年都向他们支付160元的固定分红，其中60元用于壮大集体经济，100元用于农户按股分红；务工有薪金，绿能农业将自营的数万亩土地以1000亩左右的规模，平均分给若干个生产队经营，每个生产队由4对夫妻负责，公司每月给生产队队员发放工资5000元，每年发10个月；超产有奖金，从2011年到2021年，绿能农业累计发放"超产奖"3560多万元。

吴江自豪地说："在家乡，绿能农业带动村民共同富裕，其中，帮助贫困村脱贫让我觉得特别有价值。"

安义县万埠镇下庄村曾是省级贫困村，2017年2月，绿能农业与下庄村签订为期10年的合作协议，下庄村流转3个自然村共1360亩地给绿能农业。按户均水田4.5亩计算，下庄村每户贫困户从与绿能农业的合作中，每年获得5250元，其中3225元为增收部分。同时，村委会的集体收入增加到了14万元。2018年初，下庄村通过扶贫验收，成功脱贫。张铁宇曾是建档立卡贫困户，育

有一子一女，他和妻子都是智力障碍者，劳动能力弱，4亩责任田是他父亲张春根在种。张春根说："以前自己种这4亩地，除去成本一年也挣不到2000元，想都不敢想能有5000多元的收入。下庄村跟绿能农业的合作协议签了10年，我们希望这种合作一直进行下去。"

在吴江眼里，富有的农村，不应只是物质上的富有。他说："中国农民质朴，乐于助人，我们公司倡导农户间建立新时代的和谐关系。"绿能农业设立"和谐奖"，鼓励员工力所能及地为当地村民排忧解难。公司大队长李凤飞总会在村民生病时送去慰问金，一年三节对村里的老人进行慰问。公司合作农户刘守量带领八队队员、孙顺和带领四队

队员主动帮村里的老人打田。万三毛带领九队队员连续多年帮村民收割油菜。七队队员多年坚持帮村民种花生、收花生、运花生，虽然队长换了几次，但这个"结对帮扶"的传统一直保持了下来。村里有人过世时，七队、八队忙前忙后地帮着料理后事……队员的付出换来了村民的暖心互动，他们把自己种的水果、蔬菜送到队员租住的地方。绿能农业的一线员工都是外地人，但现在跟村民处得跟一家人一样。

2021年2月，绿能农业被中共中央、国务院授予"全国脱贫攻坚先进集体"称号；10月，公司入选第七批农业产业化国家重点龙头企业名单；11月，公司被农业农村部办公厅确定为全国农业社会化服务创新试点单位。2021年12月，吴江被共青团中央、农业农村部授予首届"全国乡村振兴青年先锋"标兵称号。

吴江说："我是从乡村走出去的大学毕业生，如今回到农村，用自己的知识帮助公司造福家乡的村民，我觉得青春没有虚度。"

（文/刘善伟）

我有信心做好，这是我的责任。

汪云贵：瑶山飞出"金凤凰"

广西壮族自治区来宾市金秀瑶族自治县金秀镇六段村位于瑶山深处，这里山美水美、钟灵毓秀。瑶山是大自然的璀璨明珠，更是让汪云贵魂牵梦萦的来处。六段村是不被人们熟知的"仙境"，是未被工业气息污染的"桃源"，但它也是交通闭塞、贫困发生率高达52%的原始村落。

四季轮转，秋收冬藏。平静流淌的时光一度让大瑶山的美景成为私藏，但飞出大山的汪云贵却出人意料地返回家乡，用短短两三年时间，带着瑶寨的乡亲们脱了贫。

归乡

"90后"的瑶族姑娘汪云贵出生在六段村，她和妹妹汪云玉自小便随离异的母亲生活。为了扛起养家的重担，母亲外出务工，将两姐妹交给外

汪云贵在办公

婆抚养。

无拘无束的成长环境给了汪云贵自由奔放的个性，她说："小时候我和妹妹是吃'百家饭'长大的，每天在寨子里打闹，走进任何一户人家，到了饭点就会留下我们吃些什么。四五岁时，我有次发高烧，虚弱得走不动路，村里的几位叔叔、大爷轮流背着我，走了5个小时的山路赶到县城的医院。"——村民们淳朴无言的爱滋养了汪云贵对瑶寨的深厚情谊。

交通的闭塞阻碍着大家求知突破的脚步，有能力的年轻人想着法儿走出大山，村里剩下的都是老人和孩子。村民们没什么钱，主要收入都来自农作物和土地，但大家仍东拼西凑地给汪云贵出学费，让她走出大山求学。——这份恒久无私的付出滋生了汪云贵"让瑶寨更好"的责任感。

2013年，汪云贵从广西师范大学电子商务专业毕业，进入南京机场地勤处工作，成了村民们口中飞出大山的"金凤凰"。见惯了熙熙攘攘的人群，汪云贵却并未像大家想象的那样安然融入进去。她总是在清晨、午后、夜晚，一遍遍地想念大山深处的人们，想念那里瓦蓝的天、清澈的水，和无忧无虑奔跑的孩子们。

2014年底，汪云贵毅然辞掉稳定光鲜的工作，回到六段村。也正是那一年，村里排查建档立卡户，由于家庭劳动力不足、农产品销路不畅，汪云贵家成了金秀建档立卡贫困户。

耕种

汪云贵家所在的六段村位于金秀镇最北端，距离县城22公里，地处海拔1100多米的高山上，这里雾多，雨量充沛，生态条件优越，十分适宜发展茶叶生产。六段瑶寨有着金秀县保存最完整、最有特色的明清时期建成的茶山瑶吊脚楼71栋，还有与其他茶山瑶村与众不同的服饰和保持完整的民风民俗，更有全县最为秀美、连片近4000多亩的高山茶园风光。

绿水青山，如何变成金山银山？

汪云贵申请了5万元扶贫小额信贷，在自家楼下用竹子搭起一间名为"吃吧喝吧"的土特产店，利用在大学里学到的电子商务知识发展电商，将家乡的茶叶、竹笋等农副特产，统一包装销售到全国各地。

汪云贵还把直播间"搬"到六段村茶园内，邀网友"云端"品茶。她和妹妹身穿瑶族传统服饰，以云雾缭绕的高山茶园为背景，直播金秀茶产地情况、采摘过程、制茶工艺等，为瑶山茶打开了销路。

正当汪家姐妹的电商创业进行得如火如荼之时，国家提出大力发展乡村旅游、全域旅游，六段村修通了水泥路，连

汪云贵（左一）为提升村民采茶技能，举办采茶比赛

上了4G网络，走进村子的游客也越来越多，姐妹俩决定将业务范围拓展到民俗旅游的策划和组织。

"我们有那么多瑶族的传统习俗文化，为什么不借此推广乡村民俗旅游业，增加村里人的收入呢？"

2018年2月，汪云贵成立广西金秀六段瑶寨文化旅游开发有限公司，主要致力于"六段瑶寨"的茶叶、竹笋、腊肉、中草药包、蜂蜜等农副特产销售，使用六段瑶寨品牌统一包装，同时开展六段瑶族民俗活动。

六段村瑶族风情浓郁，每年的三月三和阿咕节，当地人都会载歌载舞，庆祝节日。从2018年开始，汪云贵姐妹就在当地政府的统筹安排下，将传统的民俗节庆打造成旅游盛会，组建乡村乐队，用当地语言、原创原唱瑶族歌曲，传承非物质文化遗产。村民们通过参与旅游演出，不仅有劳务收入，还能销售更多的特色农产品。

在2019年11月举办的阿咕节上，妹妹汪云玉把茶山瑶的传统婚恋习俗——爬楼招亲的视频随手一拍，上传到抖音平台，播放量居然达到了791万。

越来越多人通过汪家姐妹了解到茶山瑶族的风土人情，她们为神秘的瑶族风情揭开了面纱，也将六段村的村民推上了"脱贫攻坚，共同富裕"的时代舞台。

2019年，汪云贵收到顾客的反馈称茶叶回家泡出的味道不尽人意，不如在六段村泡出的好喝。经过反复查找原因，汪云贵建议他去超市购买山泉水冲泡，顾客尝试后连连称赞，于是汪云贵萌发了将山泉水做成品牌的想法。她马上动手，筹集资金，当年就启动了水厂建设，还融入与文旅相配套的餐饮、民宿，把水厂打造成为工业旅游示范点，创办大瑶山民族品牌"瑶脉山泉"，为当地增加了200个就业岗位，有效拉动了当地居民就业，推动了当地经济增长。

回音

2020年10月17日，汪云贵前往北京参加全国脱贫攻坚奖表彰大会暨先进事迹报告会，抱回了"2020年全国脱贫攻坚奖'奋进奖'"奖杯。颁奖前，时任全国政协主席汪洋会见了获奖者，称赞她返乡创业带领乡亲们发展乡村旅游精神可嘉，给了这位年轻的瑶妹子充分的肯定和鼓励。

2021年，汪云贵接连获得"全国脱贫攻坚先进个人""全国巾帼建功标兵""全国乡村振兴青年先锋"标兵称号。荣誉纷至沓来，她仍是那个淳朴自然的瑶妹子。

在汪云贵发布的图文、视频中，有一个明眸皓齿的小姑娘深受大家喜爱，无论是身穿瑶族特色服饰回眸一笑，还是和着乐器唱起山歌，总能俘获一群"云家长"的心。这个四五岁的小瑶妹便是汪云贵的女儿。

"妈妈，我从小就跟着你在村子里、茶山上进行拍摄，有时我也会觉得有点累。但我知道我必须坚持，因为你做的事儿是在宣传我们的民族文化，是让大家越过越好。"女儿的话让汪云贵湿了眼眶。

汪云贵在朋友圈写道："倚长廊，看千山晚景，一壶茶水散黄昏。"六段村的日子越过越好，"原生态"不再意味着贫穷，日子充满了盼头，年轻人返乡过节时看到瑶山的发展便选择留在家乡发展，留

2022年，汪云贵荣获"来宾市十大杰出青年"称号

守的孩子越来越少……汪云贵知道自己做的事情已经有了回音，也更加坚定了前行的决心。

（文/王镭铮）

农村是青年大展宏图的广阔天地。

赵丽杰：“豆包西施”的乡村创业路

青春寄语　扫描二维码
即可收听

万里无云的蓝天下，深褐色的田土错落有致——这是内蒙古自治区赤峰市林西县新城子镇双兴村旁的一片梯田。北国的山坡延绵、巍然，地势宽广，几台耕机"领"着播种机齐头并进，在轰鸣声中翻涌的土地上，播下希望的种子。

一位女子驾驶着耕机行进在最前方，在男人与机械的队伍中格外显眼，她便是赵丽杰。这个长着圆圆的娃娃脸、笑起来很甜的姑娘出生在内蒙古呼伦贝尔，自2012年与丈夫回到双兴村后，就扎根在这儿致力于乡村振兴。如今，35岁的她不仅是远近闻名的"豆包西施"，还带领着父老乡亲，以摧枯拉朽之势让家乡发生着翻天覆地的变化……

倔强

外地人无论如何也想不到，10年前的双兴村竟是国家级贫困村。"没有像样的公路，没有手机信号，住房破烂不堪，常年干旱少雨，3万多亩耕地，只有800亩水浇地，仍旧靠着传统骡耕手播的方式进行农业生产，粮食产量小、价格低，大量土地荒置……"

赵丽杰（前排右一）带领技术人员勘测土地

刚到这里的赵丽杰也被眼前"赤裸裸"的贫困景象惊呆了。很多人劝她离开，还有人在背后说："这么漂亮的小媳妇，怎么可能在这里待得住。"

"这么多地，就只能白白荒废？没有别的办法吗？"冷静下来的赵丽杰开始思考，能不能利用自己进修时学到的农业知识，在双兴村做一番事业呢。

她的想法得到了丈夫董蒙的支持，两人开始考察调研。他们发现这里雨水少、日照强、无霜期比较短，适合种植芸豆、黍子、莜麦等；闲置土地多，可以用租赁流转的方式盘活资源。赵丽杰的家乡早已实现了机械化，双兴村传统的骡耕手播为什么不能被替代？

由于常年形成的固有想法，当地村民听到两口子要搞机械化农业时，顿时炸开了锅："这里干旱少雨，搞农业就是'作'。一万年也实现不了机械化。"

董蒙的父母也怎么都想不通，已经走出去的儿子儿媳为什么还要回来种地："水往低处流，人往高处走。哪有年轻人在外面读了书又回到农村干农活的？这不是越活越倒退嘛！"

面对质疑，倔强的赵丽杰没有气馁，依旧坚持自己的想法，丈夫董蒙也和妻子站在一边，决心干出点成绩给家人一个交代。赵丽杰拿出自己的嫁妆钱，买了一台拖拉机，又走访120户村民，流转来300亩土地。没人相信、没人支持怎么办？两口子一拍即合："自己干！"。

回想起那段日子，赵丽杰仍满是感慨："这300亩土地的耕作，全靠我和丈夫两个人，起早贪黑，风雨无阻。我俩带着干粮和咸菜当午饭，渴了就喝口凉水；因为干活辛苦，手上血泡破了又磨，变成厚厚的老茧；每晚回家浑身酸痛，就想倒在床上……"

秋收时节，他们家的院子里堆满了粮食。村里人听说后半信半疑地来看，悄悄地数袋子："一万斤、两万斤……十万多斤！"难以置信的乡亲们奔走相告：一位外来媳妇把拖拉机开上山坡，实现了粮食大丰收！

反对的声音没有了，越来越多的乡亲们来找赵丽杰夫妇，想把土地流转给他们种。"那就一起富！"赵丽杰和丈夫决定，再置办一些大型机械，共同富裕的想法从那时起便发了芽。他们买了上百只母羊，靠买卖繁殖羊羔筹资。那段日子，赵丽杰怀着孕，种着300多亩地，还放着羊，像一匹"蒙古马"，不知疲倦。

经过两年多的努力，两口子流转了将近600亩土地，拥有了400多只羊，购置了两台大马力拖拉机、一台大型收割机和九台小型农机。通过对土地的集中和规模化经营，延伸养殖、种植产业链，实行连片耕种，农作物的产量大幅度提高。2014年，赵丽杰正式注册了自己的家庭农场。

"豆包西施"

2016年，赤峰市开展的电商培训使赵丽杰第一次感受到数字经济的巨大潜力。直播带货、网络销售，对当时的赵

赵丽杰（右）帮助农机手装种子

丽杰来说仿佛"打开了新世界的大门"——敢想敢干的她看到了未来，培训一结束就回乡寻找新的致富之道。

东北素来有蒸粘豆包的传统，正值年根，村里家家户户都准备蒸粘豆包了，赵丽杰灵光一闪："要不在网上销售咱们村的粘豆包吧！"

"干净，卫生，有包粘豆包经验"——按照自己拟好的思路，赵丽杰首先找到村里的贫困户崔大妈。

"太普通了，粘豆包谁都会蒸，卖给谁呢？"崔大妈对这个提议并不认可。

赵丽杰说："您只负责蒸粘豆包，其他的都由我来负责，赔了算我的！"虽然在崔大妈面前打了包票，但她也不敢保证一定能把粘豆包都卖出去。"想到了就一定要试试"，前期的经验告诉她不能轻言放弃，于是，赵丽杰拿来自家种植的黄米面和红豆，买了白糖，购置了白大褂、厨师帽、一次性用具，正式开启了"电商豆包"之旅。

写文案、美化图片、朋友圈打广告、拜托朋友帮忙宣传……赵丽杰再次忙活起来。那是2017年，脱贫攻坚战已经打响，赵丽杰的家庭农场规模不断扩大，发展为林西县荣盛达种植农民专业合作社。不同于初

来时的倔强，这次，她想靠蒸粘豆包让村民们脱贫摘帽。

"好想尝尝小时候家的味道。"赵丽杰吃粘豆包的视频随着网络的传播火了起来，刚出笼的粘豆包冒着热气儿，金黄的米油泛着光亮，一口下去，黏软、香甜的感觉即使隔着屏幕也能让人感同身受。朋友、网友纷纷留言，让她把粘豆包邮寄过去。敏锐的赵丽杰看到了小小豆包里潜藏的巨大商机，豆包品牌化、标准化的想法应运而生，没有犹豫，她立马购置了真空包装机和礼品盒，设计了真空简装、精装、礼盒装3种包装规格。为了保证口感，赵丽杰和村民们一同决定，粘豆包全部采用传统自然晾冻，不做反季营销。

凭着优质独特的产品质

量，粘豆包走出山旮旯，来到城市的餐桌。"豆包西施"的名号不胫而走。

从脱贫摘帽到乡村振兴

2018年，林西县最贫穷的双兴村率先实现了整村脱贫，"豆包经济"也迎来了小高潮。当年赵丽杰发展销售代理21名，产品供不应求，全年累计销售粘豆包、年糕13万斤，年营业额100多万元，辐射带动20户和周边村子100多名妇女走上了致富道路。

如今，赵丽杰的荣盛达种植农民专业合作社已有社员34人，合作社托管土地13.8万亩，流转土地6400亩，有机种植面积2000亩，入选2021中国农民合作社500强。她本人也相继荣获"全国乡村振兴青年先锋"标兵、"全国巾

赵丽杰（前排右一）在蒸粘豆包

帼建功标兵"，内蒙古自治区"劳动模范""道德模范""脱贫攻坚先进个人""三八红旗手"，赤峰市"优秀共产党员"等30多项荣誉。

"我爱农村，离不开农村。"赵丽杰靠着一份热爱走到了今天。未来，她希望更多年轻人的选择清单里有一项"回到家乡"——回来，一起"把农村变得更美丽，让农民更富有"。

（文/周恩光）

先锋篇

留下来，继续干。

龚双情：为了一份热爱，十年不止

青春寄语

扫描二维码
即可收听

刘家店镇江米洞村位于北京市平谷区西北部。平谷区是中国大桃生产第一区，每年四五月份，江米洞村便掩映在一片粉红的桃花林中，就像《桃花源记》描绘的那样——"芳草鲜美，落英缤纷"。

2021年12月，江米洞村党支部书记兼村委会主任龚双情，被共青团中央、农业农村部授予首届"全国乡村振兴青年先锋"称号。至今，他已在乡村奉献了10多年。

执拗

在北京农学院就读期间，

龚双情参加中国共产党北京市第十二次代表大会

龚双情曾参军入伍，成为北海舰队某支队的一名海军战士，两年的军旅生涯成为他生命中不可磨灭的印记。他曾在学兵连6个月内，将5000米的跑步成绩从27分钟提升到18分钟以内。当时的排长曾说：北京兵干啥啥不行，都在混日子，龚双情却用行动证明了自己。他从50多名学员中脱颖而出，荣获三次嘉奖、两次"优秀士兵"称号。

龚双情说："正是那段军旅生涯锻炼了我不服输、爱挑战的性格，我后来取得的成绩，与排长、战友们对我的激励脱不开关系。"两年的军旅时光洗刷了稚嫩少年的桀骜之气，沉淀成他日后积极面对生活的勇气。

从部队回校并顺利毕业后，龚双情找到一份在世代务农的家里人看来是"光耀门楣"的国企工作。入职的半年里，他却时常想念那些粉白的桃花、黄褐色的泥土，牵挂那些在烈日下挥洒汗水的村民们。

龚双情作了一个决定：辞职，报考大学生村官，放弃学校对口可以免试的延庆区，转而报考家乡平谷区刘家店镇。作这个"把家人气得几个月没和他说一句话"的决定，需要非比寻常的勇气，但情感积淀得久了，某些"执拗"便成为"情理之中"的答案。

"假如有一天你转任村庄的负责人，你会如何带领它前进、发展？"

"我一定会带领它成为全镇一流、全区一流乃至全市一流、全国一流的农村。"这句豪言壮语，是龚双情当年参加大学生村官面试答题的结束语。

让老百姓得实惠

2012年，龚双情实现了自己的梦想——回家乡当上了大学生村官，先后任职松棚村党支部书记助理、江米洞村村委会主任助理。

2015年11月，这位年仅28岁的大学生村官在村党支部换届选举中，全票当选江米洞村新一届党支部书记。2016年5月，村委会换届选举，龚双情又高票当选村委会主任，成为平谷区刘家店镇首位担任村党支部书记的大学生村官。

上任伊始，龚双情便动员党员和群众整治家园。他带领大家只用两个月就清理了街道、房前屋后堆积多年的建筑废料和生活垃圾，村庄环境面貌焕然一新。龚双情还一鼓作气，将村口堆积近30年的干柴堆放场彻底清理，建成休闲健身公园，供村民茶余饭后休闲娱乐。在随后的全镇环境检查评比中，江米洞村逆转了年年"倒数第一"的局面，一跃成为全镇第一名，并顺利通过区级环境样板村的验收。

2008年，平谷区便基本实现了"村村通公交"，而江米洞村位于刘家店镇北部浅山区，交通闭塞，进村只有一条3米宽的小路，因不符合通车条件，村民需要步行40多分钟才能赶到最近的公交车站。"交通是制约一个村庄发展的最重要因素之一，这哪成啊！"龚双情看在眼里，心急如焚。刚一上任党支部书记，他便在2016年第一次"民主日活动"中承诺：三年内，一定实现公交车入村！

辛江路是江米洞村唯一的出村路，想要符合通车条件，就要拓宽道路，可这条全长1500米的路沿途涉及4个村庄、32户人家、222棵桃树，单是占地补偿款就需要近百万元，做成这件事的难度可想而知。龚双情的承诺一说出口，便受到村里人的嗤笑："你个小毛孩，不知天高地厚。很多遗留问题是那么好解决的吗？简直异想天开。"面对村民们的质疑，龚双情没有气馁，反而更加坚定了做成这件事的决心："我回到家乡，是想让乡亲们得到真正的实惠，如果连这件事都解决不了，延续闭塞的现状，村庄谈何发展？"

为此，龚双情每日奔波，前往市、区、镇三级政府屡次汇报，争取赔偿款，又多次前往相邻村庄，与村干部、沿路涉及的村民谈心，争取支持，最终成功将村口的路从3米拓宽到7.5米。有了路，通公交就水到渠成了。2018年2月27日，平谷公交总站至江米洞村公交车顺利通车，老百姓们盼望十年之久的公交车入村梦终于实现了。

龚双情提前一年时间完成了自己对全村的承诺，嗤笑声、质疑声，一切都被时间甩在脑后。在忙碌奔波的路途中，在那些疲惫、无助的间隙里，村民们无声的认可，却渐渐蔓延开来。

多年未获得先进的江米洞村逐渐成为全区乃至全市知名的"世外桃源"，"五好党支部""全国文明村""首都绿色村庄"等荣誉纷至沓来。

从2012年至今，龚双情的前行一刻不止。他带领村民走平谷大桃的"精品路线"，

龚双情在"五好党支部"表彰现场

自己学习相关营销知识,成立果蔬合作社,帮助果农网络销售果品,每年销售2000盒以上,带动20多户村民增收;将全村范围内的坡坎进行护坡处理,既提升了田间环境、增加了灌溉有效面积,又降低了雨天泥石流灾害发生的概率;

在煤改清洁能源工作中,他第一时间同相关部门沟通,将原本进行"煤改气"计划的村庄调整为"煤改电"村庄,因为他考虑到"村内常住人口多为60岁以上的老人,煤气取暖方式有更大的安全隐患"……

2017年,龚双情通过公务员考试,被北京市监狱管理局录取。即将迎来家族中第一个拥有"铁饭碗"的公务员,龚双情的父母、爱人都高兴极了。

消息传到村里,一石激起千层浪。村里一位80多岁的爷爷找到龚双情,颤巍巍地说道:"你走吧,就别管我们村子怎么发展了,我们能过成什么样,是我们的命。"

老奶奶、大妈们组队来找龚双情:"好不容易村子有点好样子了,你走了,我们又没有盼头了。"

听着村民们的"责难"，龚双情知道那是最质朴的挽留，是满得要溢出来的不舍。

5年，1825个日夜，43800小时，龚双情将自己的全部心血都投注在这片土地上、这座村庄里。这一次他作决定，仍如最初一般，毫不艰难："不走了，留下来，继续干！"

被温柔抚平

生活远比戏剧更荒诞和沉重。

"钱少、事多、不落好""听起来是干部，其实是处理矛盾的大家长""好好的大学生，没出息才回村里工作"，面对外界对乡村工作的偏见和刻板印象，龚双情坚信自己做的事是"有意义的、让老百姓真得实惠的"，但"自我怀疑"也会出现

2020年3月，龚双情（右一）在新冠疫情期间布置卡口值守工作

在疲累和委屈的那些瞬间。

历尽千辛万苦建成的村民健身娱乐广场，被某户村民私自占用，圈地作为自家的养殖场。当龚双情前往劝说时，对方却说："我就在这里养，我又没占你家地。"

龚双情倾尽全力帮助一位村民申请到国家盖房政策补贴，在漂亮宽敞的平房盖好后，这位村民却高声辱骂："这盖了不给装修好、不给买家具，怎么住人？"

……

现实光怪陆离、荒诞沉重。龚双情默默做着、承受着，一次次解决着、安抚着。

那位挽留过他的爷爷又去办公室找到他，龚双情抬头问道："爷，您有事？"

"我没事，我就想在你身边坐坐。"

龚双情不解，但仍然笑着说："那您坐会儿，有事您随时喊我。"

过了片刻，老人好像下定了决心，悠悠地张了口："小龚，你走吧。别在我们村了，你去更大更好的地方吧。我们村乱了100年、斗了100年，你这么好的孩子，在这太委屈你了。"

那一刻，所有的委屈都被质朴的温柔抹平了，原来生活的荒诞并非只能让我们绝望，反而能让我们重拾勇气和信心。

"圆梦"

2022年1月24日，在又一个"民主日活动"中，龚双情对全体村民说："你们有什么困难都可以跟我说，不只是跟村里相关的事，哪怕是子女就业、孩子入学、老人看病，所有的事都可以找我。我虽然不一定能给大家解决，但我一定会尽最大的努力去帮大家沟通、想办法。"

有人问他："为什么要往自己身上揽活儿？不怕麻烦吗？"

龚双情憨厚地笑了笑说："把乡亲们的麻烦事解决掉，是我的乐趣和幸福感来源。而且，他们愿意和我说，我才能一直深入到群众中去。"

谈到未来几年的发展方向，龚双情希望江米洞村从以农业为主向以文旅产业为主转变。"最初上任的那几年，我主要做的工作是完善基础设施、解决群众温饱问题，但下一步的发展战略，我希望是壮大集体经济，实现真正的乡村振兴，不辜负这个时代。"

如今，龚双情对乡村的情感已经从最初抽象的热爱，转变为致力于让每一个身边的人都感到幸福。对村里发生的每件大事，他都如数家珍；对村子的发展方向，他也早已提前几年作出了规划并逐步实施。

龚双情参加栏目讲述青年故事

龚双情说："回到乡村工作以来，我帮许多人圆了梦——'出村路扩宽梦''公交车入村梦''环境优美梦'。现在，是时候请大家帮我圆梦了，那个在面试时我曾许下的乡村振兴梦！"

（文/王镭铮）

希望乡亲们在村里过上小桥流水人家的日子。

梁碧华：让腌菜变得更加现代化

从乡村进入城市发展的青年人，或许有人还记得家乡早年的泥土路，抑或时常想起家乡的咸酸腌菜。

在广东省肇庆市德庆县马圩镇诰赠村，1987年出生的梁碧华从城市回到家乡建起了工厂，她想把家乡的酸菜卖到城里去。

不放添加剂

德庆县生产的酸菜远近闻名。当地老百姓有着不同的腌菜手艺，相信"万物皆可榨"。梁碧华说："从小家里就有几十个老坛子，我经常看奶奶做酸菜，一把盐，一把菜，腌制后拿出来，拌白米饭，特别好吃……"

这种酸菜和市面上销售的榨菜相比别有风味，都是县里农户自家腌制的。

梁碧华读书后离开家乡，后来又嫁到江门市。她生活安逸，却一直惦记着回乡创业："其实很多地方建厂房的条件都比家乡好，我们念书时走的'水泥路'，就是泥水相伴带泥带水的，那时我们经常用两个麻袋装着衣服和被子，肩挑去读书，我小时候就想着，将来如果有能力发展农村该多好。"

诰赠村有座废弃的粮仓，2016年，梁碧华租来做了厂房，建立了双华食品厂。梁碧华的爷爷是一位光荣的空军战士，也是一名老党员，他退伍后听从党的号召，放弃城市生活，回到农村，参加农业生产。"爷爷经常教导我，要听党话、跟党走。机缘巧合，我也从城市回到了农村，我要带领乡亲们，听党的话，勤劳致富。"

梁碧华引进现代化工业流水生产线，建立高标准的产品检测车间，将传统老坛手艺融入科技元素腌制蔬菜。

腌菜的添加剂和腌制后含有的致癌物亚硝酸盐是腌菜行业的痛点，梁碧华带领技术小组，攻破了这个难题："我们的菜腌制前要经过检测达到零农药残留，腌制过程中不使用任何添加剂，出厂前亚硝酸盐的含量为零。"

生产高质量的腌菜是梁碧华的理想，为此她也付出过不小的代价。2017年底，德庆县遭遇霜冻，种植户的几十万斤菜，大部分都烂掉了，梁碧华作出了半价收购这批蔬菜的决定："如果不收这批菜，会影响农民继续种地的信心。我不想寒了种植户的心，不想他们没有钱过年。"她把少量没有冻烂的菜心拿去腌制，腌好后却发现容易腐烂。当时只要放些防腐剂，这批腌菜就可以卖出去，但梁碧华选择把这批腌菜全部倒掉。她说："我们的初衷就是要做零添加剂、零农药残留、零亚硝酸盐的腌菜，为了坚守这个理念，我们愿意付出代价，虽然这次损失了80

万元，但相信将来，我们能带领村民赚回更多的钱。"

放心种菜，有保底价

随着声誉越来越好，腌菜销量越来越高，食品厂渐渐走上正轨，梁碧华没有忘记自己返乡创业的初心。建厂后，她成立工厂党支部，担任党支部书记，建成了"党支部＋公司＋合作社＋基地＋农户"的经营模式。食品厂与种植户签订固定价格回收合约，免费提供种子和种植技术支持，带动300多户农户发展蔬菜多茬种植，每亩地可增加年收入2万元。

梁碧华说："之前乡亲们种的蔬菜没有好销路，往往卖不了好价钱，如今他们与食品厂一起合作，再也不怕被菜贩压价，也不用担心市场风险，从前几角钱一斤的蔬菜现在能卖到几块钱了。以黄瓜为例，乡亲们辛苦种出来拿到市场上卖，每斤才卖5角到8角，卖不掉只能扔掉。"她和乡亲们签好合同，包收购，定出了1元到1.5元的最低收购价，乡亲们根本不用担心销售的问题，一心一意搞好种植就行。

高培英是一位留守妇女，丈夫在外地做卡车司机，留她一个人在老家照顾一双儿女。在高培英觉得困难的时候，双华食品厂鼓励村民们种植蔬菜："我在电话里说没钱，梁碧华说你来公司拿钱吧，种出来的菜他们买。"

后来，高培英的丈夫看到妻子当年种了几亩地就有了可观的收益，毅然辞去卡车司机的工作，回到村里与妻子一起种植蔬菜。两口子种豆角、种盖菜，加入了梁碧华组织的经济合作社，种地规模从最初的几亩发展到了40亩。

陈火炎家境贫寒，为了摆脱贫困，他也曾用心种植各种蔬菜，但都因为缺乏技术指导和解决不了销路而失败。梁碧华通过结对帮扶，手把手教种植技术，让陈火炎的日子过得越来越红火。

"工厂+基地+农户"的经营模式发展得越来越好。目前，双华食品厂已带动300多位村民种植豆角，其中女性238人、脱贫户30多户。食品厂每年在当地收购1000多万斤豆角等蔬菜。

和年轻人一起助力乡村振兴

梁碧华创业，也带动了一批年轻人返乡。她的妹妹梁碧清，毕业于华南理工大学，曾

梁碧华（中）与种植户们一同分享丰收的喜悦

供职广州一家珠宝公司，收入不菲。在姐姐创业激情的感召下，梁碧清辞去了城里的工作，她说："姐姐带领家乡村民致富的理想感染了我，我愿意加入其中。"

在德清县附近的封开县，有一位名叫吕炎源的"90后"，他大学毕业后在城里当医生，如今也回乡成立了农业合作社，为双华食品厂提供蔬菜。他认为，绿色蔬菜是食品行业

发展的方向，有前景。

腌菜外销同样需要有知识的青年。梁碧华组织当地返乡大学生一起做电商、玩直播，扩大销路，孵化了一支聚集20多名"90后"大学生的回乡创业电商团队，一起助力乡村振兴。如今，双华食品厂产业链覆盖肇庆市封开县、德庆县和高要区，联动发展蔬菜加工产业，年产值1.2亿元。

企业发展好了，梁碧华助益社会的心愿也越来越强烈。

梁碧华在直播带货

2020年春节期间，新冠疫情暴发，蔬菜需求量急剧增加。梁碧华召集全厂员工返回工作岗位加紧收割蔬菜。从正月初二下午到初三凌晨，在将近12个小时的时间里，他们整整收割了2万多斤蔬菜，并将这些原来准备腌制的蔬菜装车运送到批发市场低价出售，在2020年清明节前向市场供应新鲜蔬菜100多万斤，牢牢稳住乡亲们的"菜篮子"。

如今的诰赠村已经铺上了水泥路，路两侧装上了太阳能路灯。梁碧华还捐资建桥、拓宽路面。她说："如今腌菜销售到北京、上海，还外销到澳大利亚。我希望在乡村振兴战略的引领下，帮助父老乡亲都住上别墅，真正过上小桥流水人家的生活。"

（文/刘善伟）

这些职业农民好牛啊!

程子昂:新时代,做职业农民也很酷

青春寄语

扫描二维码
即可收听

程子昂至今也没搞明白,当时怎么就"头脑一热",一股脑扎进了农村?

2014年之前,他在太原市里工作,老板器重、业务顺手、收入丰厚,到了周末,唯一的任务就是把赚来的钱花掉,好好享受生活。可是,村里年轻人少,父亲倾注心血创办的晋中林果丰种养专业合作社急需帮手,村民们也轮番向他发出邀请:回来吧,子昂!

最终,程子昂还是放弃了大城市光鲜的生活,回到晋中市榆次区北田镇杜堡村当起了农民。妻子埋怨他:"我嫁给你,当初是冲着你混得风生水起的,结果没想到,最后你成了个种地的农民……"

孤单

在农村的日子并不好过,

程子昂(前排左一)与父亲一起进行果树拉枝

最大的问题，就是"孤单"。

每天面对着一片片沉默的果园、大棚，无聊和空虚会不由自主地袭来。程子昂得时常往城里跑一趟才能缓解这种"痛苦"，他感叹："农村，可能就不是我待的地儿。"

怎么办？

程子昂首先跑乡政府，申请修路。路修通了，孤单的问题就解决了一半。

对年轻人来说，生活可以没有繁华，但不能没有网络。程子昂又自掏腰包，拉了根超长的网线，一直从村里接到了种植基地。当地联通公司的工程师看到这种情况后直劝他，这样拉网线不安全。要不，我们给你申请加个专线吧？得知专线的费用后，程子昂直咂嘴：这专线，我可弄不起。

一年以后，联通公司竟然给他们免费"扯"了一条专线，用以支持他们创业。程子昂感慨地说："只要你有合理诉求，一般都会有人帮助你。"路通了、网也有了，凭着自己这些年积累的专业营销经验，程子昂的创业做得热热闹闹，开网店、做微商，甚至装了摄像头、用大疆无人机搞直播："自然而然地，就把很多农民干不了的事情接过来了。"

但这些"花里胡哨"的东西，对于农业产业发展，似乎并没有起到太大的作用。有一次，程子昂兴冲冲地去给村民传授"经验"，热情洋溢地讲述自己的想法和发展理念，下面坐着的上百号人却只是面无表情地看着他。

是自己讲得过于深奥了

吗？他耐心地把这些想法翻译成大白话又讲了一遍，但大家听了还是面无表情、没有反应。程子昂有些懵了，怎么会这样？乡亲们终于道出了实情："你讲得挺好，但是我们干不了，我们年纪大了，也不想干……"村里年轻人少，老龄化严重，这似乎是条难以跨越的"代沟"。甚至，很多人采用的还是五六十年前的种植方式，即便购买了先进的机器，他们也不会用。但长此以往，靠什么提升农业呢？

尤其令人尴尬的是，因为不是学农业出身，当农民问起程子昂与农业技术有关的问题时，他基本都答不上来。程子昂渐渐意识到，要真正发展农业，需要潜下心来把技术、装备先搞明白，对农业行业不了解、农业技术薄弱，即使现在农产品能卖个好价钱，终究也是走不远的……那一刻，他的思维全变了。

潜心学习

程子昂报了东北农业大学（网络）农学专业，开始了认真学习。他边学边干，还积极参与优良核桃品种的杂交、选育工作，每天都要去观察上千棵树，记录其中的变化……心沉下来了，心态也变了，日子似乎也没那么难熬了，一种对于农业的责任感在他心里悄然生长。

品种是农业发展的重要基础。2017年12月，程子昂参与选育的优良核桃品种，通过了山西省林木品种审定委员会审定，被命名为"林核1号"。结果出来那天，他兴奋极了：

"感觉自己特别幸运，像个'捡漏王'，大家花了十几年工夫选育品种，自己花了两三年就捡到'漏'了，特别开心。"

目前，"林核1号"在晋中市各县已推广栽培6.4万亩，合作社亩均产量160公斤以上，示范园区可实现亩产400公斤以上，达到了国内先进水平，农户平均每亩增收1200元至2100元。2018年，他组织申报的"榆次区东南丘陵百里双万亩林果产业带"项目，成为榆次区重点、亮点工作，现已完成栽植核桃6597.5亩、仁用杏791亩、榛子350亩、连翘1.4万亩的建设任务，得到榆次区委、区政府的高度支持和认可。

之后，程子昂还在合作社示范基地引进了水肥一体化灌溉系统、林药间作微喷灌溉系统、气象环境监测及防控系统、旱情监测系统、环境监控系统等一系列现代农林业设施，并积极建设农业科普展厅、户外科普走廊、大学生双创园区，他的事业正不断向现代农业产业的纵深延伸。

当职业农民，是件很酷的事情

2018年8月，程子昂干了一件"大事"：在共青团晋中市委的指导和帮助下，他联合周边县区多名返乡创业大学

程子昂展示优质核桃

生、青年企业家、青年村干部，共同发起成立了晋中市青年农民联合会，这在晋中可是头一遭。

"我们晋中这个地方，对年轻人还是很包容的，年轻人想干点什么，大家也会支持我们折腾。"为了把这些涉农青年组织起来，程子昂参考了欧盟的青年农民联合会模式，成立了自己的协会组织。当年全国范围选送去欧盟考察学习的12名青年，曾经约定，每人回乡后都成立一个这样的青年组织，只有程子昂在晋中做成了。

晋中市青年农民联合会在资源互补、联合融合、科技创新等方面，起到了积极的驱动作用，开创了新的栽培模式、产业组合、休闲科普农业项目。目前累计组织及参与各类农业活动29场次，包括经验交流活动、科技下乡、项目对接、会展销售等，为青年职业农民提供了一个信息共享、沟通合作的公共服务平台。

联合会会员卢飞飞的圣女果和蘑菇搞得不错；会员杨晶朝养鱼在行，但种菜技术不行；西安科技大学毕业返乡的周磊、李丽丽两口子则擅长鱼菜共生。在程子昂和联合会牵线搭桥下，几个人一拍即合，"他们现在不仅在榆次有四五个基地，寿阳、榆社那边也有，搞得热火朝天，他们还做盆盆菜，卖得也很好，确实很不错！"

程子昂还牵头组织各类科技创新创业、科普培训活动20多场次，把联合会的创业青年动员起来去做宣讲，累计培训1800多人次。此外，他还组织、接待各类科普观摩活动60多场次，受众达到7000多人次。同时，他还组织国际交流活动、项目对接活动、科技志愿活动等，为周边的农业企业、种植户提供了更加广阔的渠道和新的发展思路。

在一次会议上，程子昂遇到了一位年轻的公司老总，这个"90后"小伙被这批"80后"农业青年的激情感染："你们这些职业农民好牛啊！"再后来，这位年轻老总已经无法"抗拒"农业的吸引力，程子昂笑着说："一搞活动他就来，我们开会培训他也过来听，最后，他自己也去包了300亩地，开始正儿八经地做农业了！"

程子昂的设想很大："我想把这个组织做成一套农业体系，大家有明确的分工，有明确的利益链、分配链，包括如何去把各个品牌运作起来，生产质检各个环节也进行区分，最后形成一个大的农业闭环。"他觉得，这是一种农业发展趋势。"我们这批青年，普遍都接受过高等教育，有学历，有团队意识，大家在一起冲着一个共同的理想、共同的方向去奋斗，共同的情感把大家联系在一起，让我们彼此在创业路上都不孤单。"

最早的时候，程子昂的梦想是做一个职业经理人，有自己的公司，甚至做一个"大亨"。他笑着说："谁知道现在成了一个职业农民。然后直到今天还没把我媳妇彻底说通。

不过也好，我要是做了大老板，以后可能还是会想着回去种个地，现在，这个愿望已经提前实现了！"

如今，一大批有知识、有技能的新型职业农民正在不断涌现。新时代，做职业农民也很酷！

（文/郝志舟）

小姑娘种地种出了大学问！

张宸：面向大地的事业，是我最大的底气

青春寄语

扫描二维码
即可收听

对1992年出生的河北姑娘张宸而言，没有什么比土地与她的连接更深。

张宸的童年在农村度过，在那里人们呼吸着清新空气，沐浴着暖阳，空气里都是希望的味道。上初中时，张宸对农业愈发感兴趣，一有空就津津有味地阅读农学方面的书籍。兴趣是最好的老师，徜徉在农业知识的海洋中，她经常忘记时间的存在。

2010年填报高考志愿，当班里许多同学还在为选择专业犹豫不决时，张宸不假思索地填报了河北农业大学植物保护学院。她说："坚定选择农业，这就是我的未来。"

看到过父母种地的辛苦，张宸在大学努力学习先进农业知识，特别是国外大规模机械种植的相关成果。她希望通过

张宸在察看玉米苗长势

自己的努力，将来让乡亲们的劳作变个样。

如今，张宸创办的河北鹏沃农产品贸易有限公司，大面积应用以节水小麦种植技术为主的粮食增产技术，推动农业机械化率达到99%，实现了农机作业远程精准化数据管理，还带动一批青年返乡创业。张宸被共青团中央、农业农村部授予首届"全国乡村振兴青年先锋"称号。

张宸驾驶拖拉机在地里播种

现代农业战线上的"新兵"

如果说女承父业在传统意义上被认为是一种家族传承，那么说服父辈一起完成新的梦想则体现着年轻一代的勇气和担当。

2011年，曾经想让下一代脱离土地、有一个更加美好前程的父亲张文国在女儿张宸的极力劝说下，将经营印刷厂攒下来的三四百万元投入成立农村合作社的规划中。这是一个冒险的决定，但看到坚决选择农业的女儿，他二话不说，全力支持。

在父亲的鼓励下，张宸从小的梦想开始生根发芽。她引进多台价值几万元的深松免耕施肥播种机。这种机器能够一次性完成全方位深松土壤、分层施肥、苗带旋耕、施种肥、开沟播种等多道工序，极大地提高了农业生产效率。

张宸笑着说："一开始父亲还不理解我为什么要引进这么贵的机器，当时家里只有三四十亩地。但当他看到播种机居然能实现无人作业，彻底被眼前的景象震撼了，也开始对成立合作社充满信心。"

经过几年的发展，张宸牵头组建的沧县鑫翰种植专业合作社已拥有上千亩流转土地及上万亩托管土地。张宸又将节水小麦种植技术等粮食增产技术广泛运用，确保粮食产量连年增加。如今，她所在的合作社小麦亩产量达495公斤，玉米亩产量达700公斤。她还建起粮食烘干基地和小麦玉米粉加工基地，提升种粮效益。

这些数字背后，是张宸令人感动的初心和梦想。在农业生产背后，她更希望为保障国家粮食安全尽一份自己的青春力量。

习近平总书记指出，中国人要把饭碗端在自己手里，而且要装自己的粮食！张宸说："总书记的话对我触动特别大，我们现在经营农业合作社，不断提高生产效率，就是为了让我们国家的粮食安全得到更好的保障，让老百姓都能吃到安全放心的粮食。"

张宸自称现代农业战线上的"新兵"，她对现代化农业的理解也在不断深化。2018年，她所在的农场承担了河北省农作物全程机械化示范项目，与国家农业智能装备中心、河北省农林科学院合作，共同搭建农业全程机械化平台，打造出"机器人在田里忙活，农民不用下地"的图景。张宸也成为河北省沧州市第一个用"北斗"系统种地的农民。

她高兴地说："2018年，我们农场就已经有13000亩地真正实现了无人化种植。"

当老百姓们看到一台台大型播种机安着天线在地里播种玉米，广阔的田野上空无一人时，大家对张宸竖起了大拇指："小姑娘种地种出了大学问呀！"

农业是朝阳产业

任何事业都不可能永远一帆风顺，张宸在回乡经营农业的过程中也遇到了许多困难和挑战，但她始终保持着积极的心态，在历练中不断成长。

当张宸准备创新土地经营方式时，老天却和她开了一个玩笑。为了把村里闲置的荒地都利用起来，张宸和父亲商量

张宸在调试北斗导航设备

后，决定把村里荒废的土地全都流转或托管起来，开展规模化经营。

土地托管是一种新的尝试，不是合作社给老百姓钱进行流转耕种，而是反过来，老百姓给合作社一些费用，合作社利用自己的生产经营优势，统一购买肥料、种子，统一经营管理，这样能够最大限度降低农民种地的成本，让农民实现增产增收。

为了尝试这种新型模式，

张宸挨家挨户劝说，发现效果甚微。她又想到说服村委会，让村委会做通村民的思想工作。在不断努力下，村委会终于认可了张宸的想法，并且组织部分村民进行了土地托管的尝试。

就在张宸准备利用一年的时间让村民看到成效，再扩大土地托管规模时，一场旱灾不期而至。村民的收成不增反减，合作社也面临着较大的亏损。

当时她的心情跌入谷底，面对村民的质疑，张宸感到万分内疚和沮丧。但很快，她便调整心态，开始反思农业产业天然的不确定性，并将农业保险作为重中之重推广开来，解决因自然灾害带来的损失。

如今，土地托管的模式在张宸的推广下落地生根，合作社已有29500亩土地实现托管。老百姓看到自己的收成连年提高，幸福感越来越强。

除了帮助当地百姓增收致富，张宸还带动越来越多的年轻人回乡创业，在广阔的田野上实现自己的人生梦想。她在公司内部创建"青年团员乡村振兴实训基地"，充分发挥年轻人的优势，尤其是农村自媒体和电商。张宸说："让返乡的年轻人在电子商务、直播等领域发挥自身优势，比如我们通过邀请网红直播香油制作的过程，一天就卖出了3万瓶香油。这让更多的年轻人对农村农业产生浓厚的兴趣，也越来越深刻地领会到农业始终是朝阳产业。"

张宸是共青团河北省委高度重视乡村振兴青年人才工作的一个缩影。这几年来，越来越多的青年返乡创业，为河北经济社会发展作出贡献。

如今的张宸依然坚持每天早晨5点半起床，一直工作到下午6点。望着眼前一望无际的沃土，这位积极进取的"90后"青年将这份自己热爱的事业不断做强做好。

她说："面向大地的事业，是我最大的底气。"

（文／董铁莹）

急事慢做，近悦远来。

次仁明久：草原汉子的"牛羊粪哲学"

青春寄语　扫描二维码
即可收听

得益于得天独厚的地理条件，那曲的羌塘大草原是中国五大牧场之一。这里是牛羊的天堂，但牛羊享用了美食后，也留下了满地粪便。晒干的牦牛粪尚可用作生活燃料，而羊粪则一年又一年地在羊圈里堆积成山，牧民们经常不得不自掏腰包请人清理羊粪。

不熟悉草原的人可能会问——这些羊粪难道不是天然的牧草肥料吗？事实并非如此。羊粪中含有一些病菌和害虫，未经处理堆放在牧场上，可能会引起草皮细菌超标、传播病虫害，导致牧场承载力受损。羊粪在发酵过程中释放出的热量会造成植物烧根、烧苗。未经处理的羊粪还可能污染地下水，威胁人畜饮水安全。如何解决这些难题？

作为从小在草原上长大的

次仁明久在有机肥料种植基地

94　新时代青春之歌——"全国乡村振兴青年先锋"故事集

孩子，那曲地区塔之缘能源环保有限公司董事长次仁明久自然深知牛羊粪对牧民的困扰。他的创业就与此有关。大学期间，次仁明久偶然看到一则有关制作有机肥料的新闻，突然有了灵感——草原上的牛羊粪是不是也可以做成有机肥？于是他开始查询和学习各种相关资料。

变废为宝

次仁明久在大学学的专业和牛羊粪加工产业几乎完全不对口，但这丝毫没有影响他深耕这行的决心。次仁明久说："我们草原上流行一句谚语——'牧人靠牦牛生存，牦牛靠草子生存'。草子生长的地方，就有热爱这片土地的人们，我爱这片土地，所以希望它变得更好。我在成长过程中看到也体会到了牧民生活的辛苦，或许卖牛羊粪能帮他们增加一些收入。如果有一项事业既能改善草原环境又能增加牧民收入，我有什么理由不去做呢？"怀着朴素的热爱，次仁明久创办了公司，从事牛羊粪加工。

公司业务先从收购牛羊粪开始展开。起初，次仁明久和员工开着车在草原上到处跑，一家一家地作自我介绍，向牧民讲解废物再利用的原理，讲解牛羊粪的经济效益，还一趟一趟地带农牧民到自己的原料加工厂参观，说服他们参与合作。当时很多牧民听说他们帮忙清除牛羊粪，求之不得，甚至不要他们一分钱。但也有人受到传统观念影响，要留着牛粪烧火，不愿意卖。随着次仁明久作的宣传讲解在草原上传开后，大家慢慢接受了新观念，如今已经没有人再免费让人拉走牛羊粪了，经常有牧民主动打电话给次仁明久，让他们去家里收粪。

后来，次仁明久直接以乡镇为据点，设立牛羊粪收购站，在便利牧民的同时，还为当地提供了就业岗位。牧民家里1立方羊粪要卖到将近100元，平均每个卖粪的牧民家庭每年能增收2万元到2.5万元。

次仁明久参加畜产品展销会

收购来的牛羊粪经过筛选、杀菌和发酵后，变成了有机肥，被用于草原沙漠化治理和人工有机种草，循环一圈后又回到草原上。除了有机肥，公司还开发了牛粪生物质颗粒，其耐烧程度接近木炭，几乎没有污染，受到很多家庭的欢迎。

急事慢做

早在大学期间，次仁明久就和两个朋友一起开过一个广告公司，当时赚了几万块钱，这个数目对于一个学生来说不少了，但他最想做的还是牛羊粪加工产业。

大学一毕业，次仁明久就全身心投入创业中。但父母对他的选择很不满，和很多家长一样，父母对他的期望是做一个公务员。次仁明久说："并不是做公务员不好，只是牛羊粪加工既有商业价值，又能造福草原，我想亲手让它实现，这条创业的路更适合我。"3年时间，除了过年，次仁明久几乎没有回过家，甚至过年回家也不敢出门见亲戚。他笑着说："直到有一天我上了《西藏新闻联播》，父母好像才终于理解了我在'折腾'什么，我也终于敢出门见亲戚了。"

创业初期，次仁明久最大的压力就是缺乏资金，尤其牛羊粪加工产业在那曲还是一项新兴产业，需要巨大的启动资金。白手起家的他决定"曲线救国"——得益于那曲当地的大学生创业扶持政策，次仁明久先是拿出自己所有的积蓄以及政策扶持资金和合伙人一起创办了一家建筑工程公司，稳

定了收入来源。三四年时间，他积累了百万资本，又把钱投入牛羊粪加工产业中。

期间，也曾有人给次仁明久投资700万元，但不是让他做牛羊粪加工，而是去开酒吧，次仁明久没有丝毫犹豫就拒绝了。他说："或许开酒吧是一种更快的赚钱方式，但牛羊粪加工是一件有利于草原千秋万代的事，我相信一句话——'急事慢做，近悦远来'。越伟大的事情，越需要思考清楚，慢慢做。"

哥哥旦增才旺一直是次仁明久的坚定支持者，为了支持弟弟创业，他瞒着父母把名下的房子卖掉筹集资金。次仁明久说："哥哥一直是我成长路上最好的朋友和老师，他从不和我计较钱的问题。哥哥叮嘱

我最多的话就是要踏踏实实做人。他说现在聪明的人太多，但实实在在做生意的人很少，如果想把生意做大，企业家一定要有格局，不要耍小聪明，要把聪明用在自己的产品上。"

为了节约资金，从原料收购、设备设计、电力维修，到产品推销，次仁明久几乎把所有岗位的工作都做了一遍，甚至还去修过路。2016年，他和同事到一个不通汽车的村里收购羊粪，双方协议如果次仁明久帮村里修一条能通车的土路，村里就把陈年的旧羊粪渣免费让他们拉走。

于是，次仁明久白天带人修路，晚上睡在帐篷里。刚睡了一个晚上，第二天就有牧民问，晚上有没有狗熊爬进他们的帐篷，那时他们才知道原来附近有狗熊，想起来很后怕，后来只敢睡在车里了。65公里的路，他们反反复复修了40多天，期间不时有狗熊路过，有时甚至距离他们不到1公里。次仁明久说："当时觉得很辛苦，但后来回想起来却觉得是难得的体验，毕竟很少有人能在创业的路上遇到狗熊吧。"

牛羊粪堆里的哲学

公司虽然已经开始平稳发展，但次仁明久从未放松对自己的要求。他想考研究生，每天早上6点就开始晨读英语，预习辅导老师发的英语学习资料；提前半个小时上班，等大部分员工来上班时，他已经准备好出门跑业务了；跑业务的时候常常忙得没时间，经常午饭和晚饭一起吃；等员工晚上下班后，他才回到办公室处理积压的文件；上床睡觉时，常常已经是凌晨一两点了。

如此忙碌的工作，任何人都会疲惫。但每次想懈怠的时候，次仁明久就会翻出自己欣赏的企业家稻盛和夫的书看。他说："我非常赞同这句话——'长期专注，愚钝者变为非凡人'。哪怕我们做的是看起来并不高大上的牛羊粪加工产业，但只要我们坚持在此深耕，一定能发现让草原生生不息、让牧民生活欣欣向荣的秘诀。"

5年时间，次仁明久带领公司利用牛羊粪生产出有机化肥、牛粪燃料棒等多种具有地方特色的生态环保产品，打造出集生态、创新、科研、生产、服务为一体的产业链，在各乡镇设立的牛羊粪收购站为农牧民提供就业岗位70多个，

次仁明久（左侧伸手讲解者）在接待考察人员

辐射带动2000多名农牧民增收。2021年，公司还建立了土壤实验室，观测土地营养平衡，探索氮、磷、钾的流失规律，研究有机肥对土壤的养护效果。

人们常说哲学起源于仰望星空，而次仁明久向我们展示了他在牛羊粪堆里发现的哲学——那是关于能量的循环，关于生存和环境，关于一方水土养育出的对生活的热爱。

（文／曹珊珊）

无论多么偏远，爱心必达，使命必达。

曹永祺：克州乡村的"爱心快递员"

青春寄语

扫描二维码
即可收听

在中国广阔的版图中，新疆维吾尔自治区克孜勒苏柯尔克孜自治州（以下简称"克州"）位于雄鸡的最西部，这里是中国最晚迎来日出、最晚送走晚霞的地方。2012年7月，大学毕业的曹永祺参加共青团中央等部委组织实施的大学生志愿服务西部计划来到克州。

多年来，他始终致力于架起一座爱心桥梁，把社会爱心力量精准送达每个乡村孩子的手中。从一所接一所的乡村学校到整个县，再到一个地州乃至全疆，曹永祺说自己是乡村的"爱心快递员"，无论多么偏远，爱心必达，使命必达。

初入荒漠

在学校时，曹永祺就是个"热心肠"。临近大四毕业季，由于他所在班的班长忙于准备

曹永祺（前排敬礼者）作为志愿者入疆的第一张照片

公务员考试，他就主动揽下了班里同学的毕业及就业工作。

正是在一则就业信息通知中，曹永祺看到了大学生志愿服务西部计划（以下简称"西部计划"），他觉得这是一个很好的锻炼机会，他一直想去外面走一走、看一看。经过笔试、面试、体检等流程，这个"热心男孩"顺利成为赣南师范大学首批赴新疆的西部计划大学生志愿者。

在乌鲁木齐结束志愿服务培训后，曹永祺坐上摇摇晃晃的大巴，经过长途跋涉，他终于来到目的地——克州的阿合奇县。他一下大巴，映入眼帘的只有茫茫戈壁滩和几栋稀疏的小房子。

曹永祺是甘肃人，本以为家乡和这里并无二致，但眼前的景象让他觉得不可思议——县城仅有一条窄窄的小街，没有红绿灯。那时的阿合奇县是国家级贫困县，全县人口仅4.3万。

曹永祺突然间明白了为什么会有西部计划。于是，他也有了此生想做的事情。

2012年9月，曹永祺第一次在"老"志愿者的带领下来到阿合奇县福利院，眼前50多个孩子，个头不一，行为拘束，很多孩子望向他的眼神不停地闪躲。曹永祺心底泛起一丝酸楚，这些孩子没有像样的学习条件，甚至没有几件玩具。他决心为孩子们做点什么。

福利院的孩子们平时都是自己洗衣服，曹永祺下班后便主动把孩子们的衣服、床单带回宿舍，自己一件件洗好、晾好之后，再送回去。每天晚上，他都出现在福利院，给不同年级的孩子辅导作业，教他们唱歌。

和孩子们渐渐熟络后，曹永祺意识到，要想改变山区孩子的教育环境，只靠自己是不够的。他开始去微博上联络社会公益组织，一个个发私信介绍阿合奇县的情况；一有时间他就往各个学校跑，统计学生缺什么、短什么。

曹永祺赶在大雪到来之前，募集到1790套装有棉衣、帽子、围巾、手套的"温暖包"和50套新衣服，全部送到1840名山区孩子手中。

看着孩子们清澈灿烂的笑容，曹永祺觉得，这个冬天，格外温暖。

扎根新疆

一次，曹永祺因挂职单位工作任务重，一整周没机会去福利院。等他再去时，一个小男孩"哇"地冲上来，抱着曹永祺的腿泪眼汪汪地说："曹老师，我以为你再也不来了……"曹永祺鼻子一酸，蹲下搂住小男孩："不哭，不哭，曹老师会回来的。"

志愿服务期临近结束，曹永祺决定为了这些孩子继续留下来，原本一年的志愿服务期，他一而再地延长到三年。

2013年，曹永祺把致力于为贫困学童募集生活和学习物资、助力山区孩子健康成长的"暖流计划"公益基金引入新疆，组建了"暖流计划"新疆驿站团队，并担任新疆站的站长。

他像是在与时间赛跑，看到孩子们没有课外书，曹永祺就在阿合奇县乡村小学成立"海豚公益图书室"，募集图书5000多册；看到当地唯一一所中学没有国旗班，他放弃了午休和晚饭时间，组建起第一个国旗班，当孩子们第一次穿上正式服装，迈着整齐的步伐出现在升旗仪式上时，全校热烈鼓掌；看到有些孩子把鞋子都穿破了，他又为克州1113名贫困孩子募集到全新的"爱心鞋"。

有个孩子穿上新鞋后，不再像小牛似的撒欢跑，只敢小心翼翼地走，每走几步，还要低头看看鞋子有没有脏、有没有坏。曹永祺对他说："你只管大胆地跑，跑坏了我再给你找新的。"

三年的志愿服务结束后，曹永祺又一次面临去留的选择。"最开始是体验，但现在，

新疆需要我，我也不舍得离开新疆。"这一次，他选择了条件更为艰苦的克州阿克陶县。

阿克陶县多山，一半的乡镇属于牧区，交通不便，外界募集的物资往往难以直接送到孩子们手中。

如果把爱心传递线路看作一张巨网，曹永祺就是最细密的神经末梢，解决着爱心传递的"最后一公里"。他和横跨全国的粗壮干线一起，支撑起善意跳动的心脏。

初到阿克陶县，曹永祺为了给乡里两名小学生买儿童自行车，就和同为志愿者的女友一起来到喀什。由于没有车辆运送自行车，他们只好硬着头皮骑回去。45公里的路程，儿童自行车轮直径不到半米，身高180厘米的曹永祺，就这样

和女友一深一浅、一前一后地蹬着，骑了整整6个小时。

曹永祺回家上楼的时候发现，腿都抬不起来了，但当他看到小女孩收到自行车时欢呼雀跃的样子，所有的疲惫瞬间被荡涤一空。

在阿克陶县的日子，曹永祺联合其他青年志愿者，走进阿勒泰、阿克苏、伊犁等众多地州的乡村小学开展志愿服务，先后组建8所"暖流教室"，累计为100多所乡村小学的学生送去衣物、文体用品等各类爱心物资，总价值440万元。

爱的馈赠

这些年，曹永祺谈到最多的是馈赠。

新疆民风淳朴，友邻亲和。每次志愿者们发完物资，周边住户都会塞一把自家做的酸奶疙瘩给他们，小孩们总是拉着曹永祺的衣角，央求他多留一会儿。

曹永祺说："村里的孩子因为我们的到来，收获了更多的快乐，这是我最开心的事，也是一直激励我坚持下去的动力。"

不只是外界，他收获的还有生命的馈赠。

曹永祺的妻子也是一位志愿者，二人志同道合，成为助力乡村发展的并肩战友。2017

曹永祺（后排戴眼镜者）为奥达艾热克小学的学生们送去新足球

年12月，曹永祺忙于翻越雪山运送物资，山里经常没有手机信号，有一天，信号伴着好消息一起到来，二人的爱情结晶"暖宝"出生了。

曹永祺连忙查看日期——12月5日，正好是"国际志愿者日"！一时间，他说不出话来。漫天大雪扑簌簌地落在身上，他抬头看见雪山顶上正浮动着金色的阳光。他想，大概这就是命运冥冥之中的恩赐吧。

如今，曹永祺来到新疆已十年，他见证着克州乡村发生的翻天覆地的变化——条件好了，老百姓得到实惠，笑容也更多了。

2014年，曹永祺荣获第十届"中国青年志愿者优秀个人奖"；2020年，荣获新疆维吾尔自治区"脱贫攻坚先进

曹永祺在下村途中

个人"；2021年，被共青团中央、农业农村部授予首届"全国乡村振兴青年先锋"称号。未来，曹永祺除了要继续做好"爱心快递员"，还想为村里的孩子们建音乐教室、足球场，持续关注乡村教育事业。

入疆十年，曹永祺的志愿之路从一个人变成了三口之家，女儿渐渐长大，他经常带着女儿一起做志愿者。十年时间，改变了曹永祺的模样，不变的是那份永恒的初心。

（文/屈舒鹤）

乡村振兴，年轻人回来了。

张凌云：我的家乡成了"网红村"

青春寄语　扫描二维码
即可收听

在陕西省宝鸡市凤翔区陈村镇槐北村，有一幅奇特的图景：近7000个房屋墙面上绘制了各式图画，墙面上高3米多、手持烟囱"火炬"的卡通小猪"猪小北"在用热情的微笑欢迎着四面八方的游客。

这些都源于槐北村党支部书记张凌云当初对于"网红"经济的思考。她说："'猪小北'现在是我们村的吉祥物，也是代言人，从2021年9月到2022年4月，短短半年多已经吸引了两三万名游客来槐北村'打卡'。"

槐北村是张凌云的家乡。

10多年前，父母为了供她读书起早贪黑劳作，希望她以后在城里就业安家，不用再回农村过苦日子。没想到大学毕业后，张凌云选择回家和父母一起养猪，从一开始不被理解地埋头苦干到创建公司，发展循环农业，带领乡亲们依靠发展产业增收致富。这些年来，他们一砖一瓦地建造猪舍、建起一个个蔬菜大棚，看着瓜果开花成熟，游人如织，曾经给自己立下留村4年期限的张凌云不愿也不舍得离开槐北村。

大学毕业生回村当"猪倌"

早在几十年前，生猪养殖就是槐北村的主导产业，村里还有专业养猪的带头人。张凌云的父亲也是靠养猪，负担起一家老小的生计。她大二那年，村里从外面购买的仔猪出现了疫情，整个村子的养猪户都损失严重。有一天，放假在家的张凌云和妈妈一起在厨房忙活，从窗户看见父亲从养猪场回来一脸愁容，但是等到父亲掀开门帘，一看见她，便立刻转换成笑脸。

那一年的学费，也是父亲向乡亲们借钱给她凑齐的。这件事让张凌云毕业后留在城市的想法动摇了。张凌云见过父母日夜为这个家操劳的身影，为了省钱，他们晚上在只有一个电灯泡的昏暗光线下，加工饲料。"我怎么能自己安安稳稳地待在城市，让上了年纪的父母继续辛苦养猪，供弟弟妹妹上学？"作为家里的老大，她想替父母分担一些压力。

临近毕业的时候，张凌云下定决心回家。她给自己定了个期限——4年，等到弟弟妹妹都毕业了，父母不需要养猪了，她再回城市找工作。

那是2011年，大学毕业生回村养猪可以说是个大新闻了。张凌云的这个决定连父母都不同意，父亲几乎3个月都没怎么跟她说过话，母亲则时常劝她去城里找工作。

外界的眼光更是给张凌云造成了很大的心理压力。刚回来时为了避免跟邻里接触，她每天两点一线，从家到养猪场，甚至不走大路，从麦子地

张凌云在养猪场工作

里穿过去。她加工饲料，去猪舍喂猪，清理粪便，每天从又脏又臭的猪舍出来，全身上下都是猪粪的味道，洗都洗不掉，当年这个20岁出头的女孩却选择默默承受这一切。

槐北村是一个养猪大村，全村养殖户最多时达200多户，年出栏生猪3万多头。但仔猪一直依赖外购，防疫、运输风险大。对曾经发生的仔猪疫情，张凌云心有余悸，她想，为什么不能自己养母猪繁育仔猪呢？

2011年下半年，张凌云说服父母一起筹建养猪场，用家里的积蓄和贷款引进了母猪。她当时的想法很简单，即通过自繁自养，把小猪仔卖给农户，减少成本，风险也小。

事实证明，这条路子是通的，养猪场规模一点点扩大，短短两年，通过推进繁育场和养猪场公司化运作，张凌云的养猪事业已呈现出良好势头，由她创建的宝鸡神农农业科技有限公司的养殖效益连年攀升。

发展循环农业

养殖户持免疫证明才能进市场交易，以前是拿个"小本本"做记录，随着信息化的发展和国家农产品质量安全检查越来越严格，需要网上录入档案。村里的养殖户大多年龄大，很多人连电脑都没见过，更别说用电脑录入信息了。没有免疫证明，猪上不了高速，进不了屠宰场，着急的养殖户来找张凌云帮忙录入免疫档案。她一听马上答应，想到自己还能帮上忙，心里特别开心。后来，全村200多户养殖户都来找张凌云帮忙，白天她在养猪场里忙，晚上在电脑前挨家挨户录入免疫防疫档案。

从这以后，张凌云和村里其他养殖户的接触开始多了，这个"小年轻"也取得了他们的信任。为了降低饲料成本，张凌云绕开经销商直接跑到饲料厂去对接，找宝鸡市畜牧兽医中心的专家来给农户做培训，讲解如何科学饲养、如何防治秋季猪的哮喘病等。从购买仔猪、饲料，到免疫防疫、科学培训，张凌云和村里

的养殖户建立起了紧密的链接关系。她说："我们其实是命运共同体，有什么事大家坐在一起商量，从靠经验养猪，慢慢转变为科学化养猪。"

槐北村是陕西省"一村一品"生猪养殖示范村，随着企业的发展和村里养猪规模的扩大，新的问题产生了。猪越来越多，地里容不下那么多肥料，村里猪粪堆积如山，夏天苍蝇乱飞，槐北村被别的村子称为"臭村"。张凌云意识到，产业要长久发展，必须要进行环境治理。

她通过外出考察，向大企业学习如何处理猪粪。张凌云建立肥料场，把村里养殖户的猪粪统一收集起来生产有机肥料，建设沼气工程，不仅给猪舍供上了地暖，还免费为村民

安装了输气管道、沼气灶头和卡表，通上了沼气清洁能源，并以企业"补贴"的形式，每方沼气仅售价1元供给农户，全村共安装沼气327户，村里38户贫困户免费用气。

张凌云探索出了能源良性循环的"菜—饲—畜—沼—肥"五位一体循环养殖模式，使农产品、废弃物互为原料，再收集、再利用。目前，她的公司已建成年出栏1万头生猪的养殖基地、占地810亩的果蔬种植基地、年产4万吨的有机肥加工中心和年产20万立方的大型沼气工程。

每年果蔬种植基地里的第一批收成会最先被送到村民家里。张凌云带着公司的党员们一起开着大车，挨家挨户去分瓜果。从2015年开始，她响应国家"精准扶贫"的号召，积极探索助力创业，采取"安置就业，变农民为工人"的模式，大力引导、吸纳贫困户参与养殖基地生产，变"输血"为"造血"，带动全村20户贫困户稳定脱贫。

2018年，宝鸡市选举中国妇女第十二次全国代表大会代表，张凌云在候选名单里。考察组来村里找村民谈话，结束后要走时，村里的一位大叔骑着摩托车追上考察组，考察

张凌云（右一）在给村民送西瓜

组还以为要反映什么问题，没想到大叔把手里的塑料袋塞过来，袋里装的是自家刚蒸好的热气腾腾的大馒头。他说："凌云是我们的好闺女，你们一定要把她选上。"

后来张凌云听说了这件事，深深地被善良的村民感动："我觉得这就是一种价值感，大家的认可和信任也是支撑着我做下去的动力。"

2021年，村两委换届选举，张凌云全票当选槐北村党支部书记，群众的信任给了她干事的信心。这样一来，她更忙了：组织生猪养殖、蔬菜种植技术培训，开办"田间学校"，邀请各地专家教授、技术骨干为农户进行专业辅导和技术指导；去江浙示范村考察，学习推广村子的主导产业，推出槐北村代言人"猪小北"，建设产业文化一条街；给村里安装路灯，建造公共卫生间，提升人居环境质量；筹划建设万头养猪园，向上争取资金，不用村民掏钱，人人持股，从原料、养殖到加工，用"猪小北"串起一条产业链，让村民腰包鼓起来。

年轻人回来了

现在，科技已经融入槐北村的乡村振兴计划中。2021年12月，槐北村被陕西省评为"乡村振兴科技示范村"，还建立了生态循环农业博士后工作站，新品种、新技术、新模式在村里试验再推广。

更让张凌云欣喜的是，村里的年轻人多起来了："年轻人回来了，是看到了村里的发展希望，有就业的岗位，有创业的平台。"

扎根乡村 10 多年，从 23 岁到 35 岁，张凌云一步步成长起来。她先后荣获"全国十佳农民""全国三八红旗手""全国乡村振兴青年先锋"等称号。

面对这些荣誉，张凌云说："我赶上了好时代，唯有把自己岗位上的事情做好，才能让荣誉实至名归。年轻人只要肯努力，在任何地方和行业都有人生出彩和梦想成真的机会。"

（文 / 朱玉芳）

新时代的中国农村充满希望。

司传煜：用"小蘑菇"撑起群众"致富伞"

2014年，24岁的司传煜从英国莱斯特大学毕业后回国。之后短短几年间，这位"90后"青年已成长为山东恒信生物科技有限公司总经理，不仅用"小蘑菇"撑起了家乡群众的"致富伞"，更用高科技打造出了乡村振兴的"齐鲁样板"。

接力奔跑

司传煜自幼生活在山东济宁。济宁是儒家文化发源地，素有"孔孟之乡，礼仪之邦"的美誉。在他眼中，家乡的父老乡亲为人本分、做事厚道，这里更有着丰富的资源，是青年人干事创业的好地方。像父辈企业家一样发展家乡、建设家乡，是司传煜儿时的梦想。

留学归来后，司传煜先后放弃了在海外发展的机会，以及在财政部、山东省商务厅工作的优越条件，选择加入山东恒信集团。他决心利用自身所学参与企业建设的同时，推动家乡发展，让更多父老乡亲过上好日子。

司传煜说："对父辈人而言，实业报国是创业的初心和使命；对年轻一代来说，应该坚守好这份初心和使命，在新征途上接力奔跑，跑出这代人青春该有的模样。"司传煜受父辈人的启发和影响很大，加入山东恒信集团后，他一直在思考如何传承老一辈的企业家精神，为企业发展注入新鲜动力。

2016年11月，山东恒信生物科技有限公司（以下简称"恒信生物"）在山东省济宁市邹城市大束镇注册成立，司传煜任总经理。这是一家集食用菌研发、生产、加工、销售、科普教育为一体的高科技工厂化食用菌企业。

"我们恒信集团在做大做强的同时，也在积极转型农业项目，成立这家公司就是为了工业反哺农业、助推乡村振兴，充分实现农作物资源的综合利用，从而促进农业增效、农民增收、农村发展，回报社会、造福民众。"司传煜表示，在国家大力推动乡村振兴的背景下，恒信生物希望能够用"小蘑菇"撑起群众的"致富伞"，用慈行善举回报家乡和社会。

绿色发展

在恒信生物成立之初，司传煜便懂得，在企业战略中必须秉持绿色发展理念，人与自然和谐共生。为此，他带领技术人员在安全环保能效、资源综合利用、循环经济领跑的"绿色发展模式"方面进行了不懈探索，初步形成"公司＋基地＋合作社＋农户"的产业链条，建立产销一体化经营，一、二、三产业融合发展的食用菌产业体系。

比如，将农产品加工的下脚料、玉米芯、米糠、麸皮等廉价农业原料及副产品作为栽培原料，每年可消耗当地农作物下脚料4万吨。而金针菇工厂化栽培过程中又会产生大量菌渣，将部分菌渣经过高温、发酵、处理后即可转换为有机肥生产原料、花卉种植原料，对剩余菌渣进行灭菌处理后与其他原料混合又可以用于新的菌类栽培、生产沼气等。如此一来，资源利用率大大提升。通过一系列探索，公司已经形成集"农业生产—农作物下脚料利用—食用菌栽培—有机肥生产—农业生产"为一体的农业循环经济生产示范模式，不仅高效解决了下脚料的综合利用问题，而且充分保护了农村生态环境。

公司成立多年来，司传煜带领青年职工，走遍了生产车间的每一个角落，摸清摸透了每一道生产工序，他们不断探索学习，运用科学技术改良原料配方，通过合理的配比将农作物的下脚料作为金针菇的原料，每年循环利用农作物秸秆10万多吨，将农民手中废弃物的价值发挥到极致。

经过多年发展，目前恒信生物已成为全国单厂规模最大的食用菌生产示范基地，带

司传煜带领技术人员开展项目课题攻关

动周边十几个村的800多名农民转型成为新时代的产业工人，带动十几家上下游企业高质量发展，为助力邹城市打造中国食用菌第一市和乡村振兴邹城样板作出了自己的贡献。恒信生物的销售区域，也已遍布全国多省市批发市场及大型超市，公司先后获评国家级高新技术企业、粤港澳大湾区"菜篮子"生产基地、济宁市农业产业化重点龙头企业。司传煜也荣获了山东省"攻坚克难奖"先进个人、首届"全国乡村振兴青年先锋"等称号。

目前，日产30万瓶金针菇的一期工程已全面投产，以蟹味菇、白玉菇等珍稀食用菌工厂化生产及新品种研发为主的二期项目正在建设中。项目全部建成后，将提供超过1000个就业岗位，日产金针菇可达150吨，蟹味菇、白玉菇50吨，年销售收入将达到5亿元。

乡村振兴，青年先行

乡村要振兴，科技必振兴；农业要发展，必须要依靠科技赋能。在企业经营中，司传煜高度重视技术创新与科技成果转化，在公司专门成立了食用菌研发试验基地和专家工作站，与山东省农业科学院、河北省科学院等专业科研机构实施战略合作，在菌种研发、菌种选育、配方筛选等领域取得了多项重要成果。目前，公司已经取得17项科技成果并完成转化，年均科技成果转化5项。

新冠疫情期间，司传煜坚持战斗在抗疫一线，在守护好全体员工生命健康安全的基础上，坚决不减员、不降薪、不拖欠工资。为支持地方抗疫，他的公司累计向社会捐赠3000多万元，向济宁市公安系统和秋英爱心义工团捐赠优质食用菌20吨、向邹城16个镇街捐献食用菌85吨，并联合邹城两家企业向武汉捐献了100吨新鲜蔬菜。在2021年河南灾情期间，司传煜带领公司员工加班加点生产优质金针菇，连同所有库存共计50吨全部捐出，与劳保用品、消毒凝胶等一同运往灾区，为抗击灾情贡献一份力量。

司传煜的下一个目标，是让"邹城蘑菇"品牌叫响全国、走向世界，让更多消费者吃上家乡的优质、安全、健康的农产品，努力帮助更多农民

司传煜向河南灾区捐赠物资

朋友实现对美好生活的向往。

"作为新时代创新创业的奋斗者和青年企业家，要心怀'国之大者'，立大志、明大德、成大才、担大任，把企业发展同国家繁荣、民族兴盛、人民幸福紧密结合在一起。"在司传煜看来，新时代的中国农村是一片充满希望的田野，更是青年干事创业的广阔舞台。司传煜希望将企业大平台搭建成青年人共同奋斗的"家"，让大家能够有声有色地

创业、有规有矩地做事、有情有义地相处、有滋有味地生活，他更希望有更多年轻人能够扎根到乡村振兴的伟大事业中，共同谱写新时代乡村振兴新篇章。

（文 / 徐吉鹏）

用十年的时间援疆。

郑金龙：从喀什的硕果累累，到浦东的玫瑰飘香

青春寄语　扫描二维码
即可收听

现任上海闽龙实业有限公司董事长的郑金龙，第一次来到喀什时是22岁。作为土生土长的上海人，那时他第一次吃到这么甜的水果，也第一次见到满眼的戈壁。

拓荒者

2010年3月，第一次全国对口支援新疆工作会议召开，确定上海新一轮对口支援地区为喀什地区泽普县、莎车县、巴楚县、叶城县四县。郑金龙记得第一批去实地考察的上海企业有三五百家，最后真正留下来的只有上海闽龙实业有限公司（以下简称"闽龙实业"）一家。

郑金龙回忆起当时的情景，解释道："因为没有任何基础，公司在新疆的第一个厂房断断续续建了两年。"13年前的泽普县、莎车县，就像一片荒土，企业要生根，却没有任何配套——当地招不到一个"有工作经验"的人；没有电，电要从政府援助的富民安居房拉过来；连盖房子的水泥、黄沙、钢筋、砖瓦都没有。

郑金龙想到过会有困难，但没想到困难会这么大，大到他时常怀疑自己"掉进了一个

坑里"。既然已经开始，能做的只有坚持。食品厂建起来了，郑金龙带着从上海一起过来的十几名员工开始啃接下来的硬骨头——招工。

一开始，郑金龙就发现"当地人好像没什么可用钱的地方"——这里不需要攒钱买房、教育孩子、看病就医，一切自给自足，大家对进厂工作挣钱没有什么欲望。

还有就是沟通障碍——郑金龙和当地人说话，互相都听不懂，又找不到翻译，基本靠手势、动作交流。他好不容易把工人招进厂，发现大家第一次进封闭的工厂做工很不习惯，经常进进出出，这很容易带来卫生问题。

考虑到作为食品厂的卫生要求，工厂给工人们制定了严格的洗手、消毒、穿脱工作服等制度。哪怕招的大部分都是女工，对于洗手这样的要求，管理人员依旧要"每天、每次、手把手教"。郑金龙说："就像大人给小孩洗手一样，我帮着、带着你洗，而且这项工作会占用生产的大部分时间，因为不是对着几个人一起做示范就行了，要一个一个过。"十几位管理人员每天盯着300多位工人洗手穿衣，"就像盯小朋友一样，工作量很大"。

各方面的格格不入，使得厂里工人的流动性极大。刚开始时，工厂执行发周薪制度，郑金龙经常发现这周的活干完了，下周来的面孔全是新的，所有工作又要全部重新来教。这样的适应过程持续了近两年。工人们从分拣、包装入手，随着冻干、榨油等新生产线的引入，也开始慢慢学习操作设备，一步步地升级为产业技术工人。很多女工并不识字，更不懂设备工作原理，学习技术全靠死记硬背——什么时候该按哪个按钮。看着她们吃力却认真的样子，郑金龙也觉得感动。

郑金龙（右一）在喀什工厂的食品生产线上

引进技术，打通链条

由于当地种植鲜果的标准化程度过低，加上储存、运输成本又过高，产品投入市场后毫无竞争力。为此，郑金龙决定将国际领先的鲜果冻干技术设备生产线引入南疆。

FD冻干技术，是在脱水制品领域中使用冷冻干燥的一项顶尖技术，在航空航天和医学领域应用十分广泛。它可以在不改变水果形态的情况下，将其活性和营养成分很好地保留下来，并极大地延长产品的储存期限。

如今，来自南疆的苹果、冬枣、杏，正通过闽龙实业以冻干的形式销往各地。

此外，帮当地农民想办法、找出路也是郑金龙在这里建立食品厂的重要任务。对于当地产量过剩的特产——薄皮核桃，闽龙实业使用物理压榨法制成核桃油销往全国各地，极大地提高了产品的附加值；在全球第二大巴旦木主产区莎车县，闽龙实业开发了一款巴旦木巧克力——最里层是烘炒去衣的果仁，中间层的面粉经过膨化后口感松脆，最外层用热干技术喷上一层薄薄的巧克力。闽龙实业还推出了很受上海人欢迎的新款牛轧糖——将传统的花生换成巴旦木，提高了产品的营养价值。这款巴旦木牛轧糖在 2020 年春节刚上市没多久就卖断货了。

利用新疆人爱在房前屋后种植桑树的传统，闽龙实业还开发了一款桑叶玫瑰茶，灵感来自日本的桑叶茶，有止咳、预防高血压等功效。

10 多年间，郑金龙带领员工在泽普县、莎车县打造出具有核心竞争力的特色产品，先后在南疆建立新疆闽龙达干果产业有限公司、新疆小蜂农业创新发展有限公司一期和二期工厂，解决了 1000 多人的就业，带动近 20000 个种植农户脱贫。闽龙实业因此获得"全国'万企帮万村'先进民营企业""上海市重点援疆企业"等荣誉称号。

谈到援疆的初衷，郑金龙说："就是一定要为当地建立起门户产业分类，把产业带过去的同时，在当地把整个链条的上下游都打通。如果你只是收购，比如在当地建厂子，招当地人做个简单的封装，这对他们的技能和意识都没有提升，只是利用而已。"

如今，新疆闽龙达干果产业有限公司已经为南疆企业"打好了样"，当地政府经常组织其他企业来这里参观。大家参观了这里，才知道红枣之所以大而均匀，是因为要挑选；干果既能做独立包装，又可以像"每日坚果"一样混装……这些极大地拓宽了其他企业的发展思路。

现在，郑金龙面临的一个头疼的问题是"如何把当地红枣解决掉"。前两年，枣夹核桃、奶枣很受市场欢迎，农民种植红枣的积极性很高，如今产量已经过剩，红枣的热潮逐渐退去。郑金龙能想到的，就是鼓励农民们把红枣嫁接成冬枣，然后再做成冻干。

2017年底，郑金龙把来自新疆的沙漠玫瑰引入上海，但是上海本地的一些农学家并不认可。"专家不看好，是考虑到上海的整体气候不适宜，

郑金龙在浦东连民村种玫瑰

但没有想到其实上海不同地区是有'小气候'的，湿度、空旷程度都不一样。"郑金龙选择把沙漠玫瑰种植在浦东，不设围栏，很少浇水，做高田垄、增强排水性，发现沙漠玫瑰非但没有"水土不服"，反而对贫瘠的土壤起到了修复作用。

因为不设围栏，本地人看到觉得新奇，玫瑰苗被偷了很多。公司便挨家挨户给当地村民分发玫瑰苗——大家都有了，就不会再偷园里的。

由于兼具观赏性和食用性，加上品种稀少，沙漠玫瑰的市场前景乐观。目前，闽龙实业正在探索打造一款以玫瑰为主的国潮护肤品牌；除此之外，还在推广蒸馏技术提取玫瑰纯露，与上海的另一个对口支援地区云南怒江的咖啡豆配合饮用。

13年前，郑金龙从上海来到喀什。13年后，他带着新疆的红枣、玫瑰，走进上海，走进千家万户。现在，越来越多的上海年轻人积极响应国家乡村振兴战略的实施，在广袤的乡村开启新征程。

（文/彭姝疑）

在乡村振兴的道路上，找到属于自己的赛道。

李先辉：在小城也可以把"F2C"做得很成功

青春寄语

扫描二维码
即可收听

2015年，在李先辉创立金寨先徽农副产品开发有限公司之前，"连续创业者"恐怕是他最贴切的称号。毕业之后，他在家乡安徽省金寨县开了一家饭店，日子忙碌又充实。

年轻人的生活离不开冒险与新鲜感，经过几年创业摸索的李先辉，突然想去外面"闯一闯"。

年轻人的尝试

第二次创业，李先辉来到六安市，没有循着自己熟悉的餐饮行业走下去，转而跳去了服装行业。吃苦耐劳、头脑灵光的李先辉迅速拿下一家世界知名运动服装品牌的代理权。

随着电商经济兴起，最先让他感到压力的是日渐稀少的实体店客流："商场里的人一下子就少了，有的时候店里的销售额为零。"当门庭若市变为门可罗雀，李先辉的第二次创业画上了句号。与之前主动寻求变化的状况不同，在互联网风口败下阵来的李先辉背负上了数十万元的债务。

城市中的旅途仿佛是人生中的一场休息，故乡则是治

李先辉（右）与同事讨论产品包装事宜

愈游子苦痛的良药。收拾好行装后，李先辉回到了家乡安徽金寨，回神片刻，这个"尽力折腾"的青年又抓住了一个机遇。电商风潮刚刚浸入城镇时，他谈下了京东半个县城的配送业务，一边送快递，一边琢磨着曾经让他跌倒的电商行业："当时我们只是配送京东官方购买的下行产品，但是我们当地有很多优质的农产品，该怎么做农产品上行？"

2014年，李先辉在老家租了两间门面，一间经营快递业务，一间开淘宝店。农产品从当地老乡家收来，主要是香菇、木耳、手工挂面、腊肉等。不懂美工、运营的李先辉在这段时期只能"现学现卖"——不会包装，就用手机拍张产品照片上传到店铺，足斤足两、实在发货也让他有了不少回头客。为了拓展销路，他为农产品设计了简易的包装。

在跑业务时，李先辉接触到了"农产品标准化"的概念，看着手里初具雏形的产品，他产生了要做品牌的想法。当时在县市一级，"农产品标准化"这一概念非常前卫。2015年，李先辉为自己的品牌取名为"先徽"，他的企业在家乡金寨县青山镇落地生根……

一根挂面，三顾茅庐

要想实现"农产品标准化"并不容易，要有充足的资金建设标准化生产车间，还要实现量产。已经回乡两年的李先辉虽然还清了债务，所剩积蓄用来创业却捉襟见肘。一次偶然的机会，他了解到当地政府为青年创业者提供创业担保贷款，他申请后很快便获得50万元的启动资金。

在众多农产品中，李先辉看中了家乡的手工挂面："这种挂面在当地很多人都会做，但是面的发酵对温度、湿度都有要求，还需要晾晒，所以每家只能做几十斤自己吃，要想实现可以销售的量产化远远不够。"

李先辉说："当时也不知道是一种什么样的劲儿支撑着自己，就想着一定要把这个事情做起来。"他找到镇上做手工挂面的村民，开始请教学习。但最先面临的就是拒绝，"在当地，挂面都是在室外做，把它搬进车间，这么大的产量，很多人都觉得我是在做梦"。

为了能成功做好挂面，李先辉把这个事儿当成科研工作来做，"最难的是找技术型人才"。刚开始找不到人和自己并肩作战，李先辉就四处"拜师"，学习挂面制作技术，"厂房装修与技术攻关是同时进行的"，遇到有人质疑，他就会带他们去看看正在建设的标准化生产车间，滔滔不绝地跟人讲述自己的创业梦。

最后，李先辉的执着感动了一位做了几十年挂面的师傅。数次登门请教后，李先辉从一开始凭手感，到学会看温度、湿度，最后甚至单独建设了玻璃阳光房进行实验……终于，在 2016 年 11 月，在不改变十八道传统工艺的基础上，通过风干、抽湿技术，加装了相应的通风设施后模拟太阳光红外线日照原理，李先辉成功把室外手工挂面制作技术搬进了室内。第一批"标准化"挂面，成功了。

手工挂面"标准化"之后，李先辉就将合作客户定位在大型企业。他回忆道："第一笔订单就有 400 多万元，这个时候真正尝到了创业的滋味。"没有学历焦虑，也没有大城市"内卷"的焦灼，创业途中的李先辉践行的信条是"想到了就去做"，他也一步步扎实地做到了。

向长远看

在很长一段时间内，不断试错是李先辉的生活主旋律。

一路走来，他总是感激此前几段创业失败的经历。李先辉认为做企业需要一颗强心脏："不可能那么容易就成就一个品牌，要用战略性的思路去做企业。不能单纯地想着赚钱，那样反而不容易发展。"

2016 年 4 月，习近平总书记考察金寨县时强调：要脱贫也要致富，产业扶贫至关重要，产业要适应发展需要，因地制宜、创新完善。不知不觉中，已成长为青年党员的李先辉在脱贫攻坚的时代浪潮中开始担负起了更多的社会责任。

现在李先辉的公司已成为一家以手工挂面、茶叶、干蔬菜、食用菌等地方特色生态农产品为主，集研发、生产、销售为一体的F2C（Factory to customer，即从厂商直接到消费者的模式）互联网公司。

这些年来，通过就业帮扶、购买贫困户农产品、捐赠帮扶、培训指导、入股分红以及龙头带动等一系列的帮扶措施，李先辉的公司解决了当地300多名村民的就业问题，孵化了100多户中小电商，帮扶40多户贫困户顺利脱贫。除此之外，公司还组织专业电商人员下乡开展电商培训，无偿进行技能培训1000多人次，完成了脱贫攻坚从被动"输血"到自我"造血"的转换，实现农户年均收入达到5万元。2018年，李先辉将自运营县域公共品牌"金家寨"，打造

李先辉（右）与同事讨论电商板块相关工作

为"公司+电商+基地+农户"四位一体模式，形成产业链发展新模式，年均收购额达800多万元。

截至2021年，金寨县已有数百人在网上成功开设店铺，李先辉引导市场主体与原贫困户建立紧密的利益联结机制，开拓出"穷人跟着能人走，能人跟着产业走，产业跟着市场走"的产业精准扶贫新路子，为乡村产业振兴插上了

互联网的翅膀。

得知自己获得首届"全国乡村振兴青年先锋"称号时，李先辉正致力于直播电商和短视频营销的创新，寻找新的发力点。

在时代发展中勇敢地搏击风浪，就是他的人生信条。

（文／于丹）

后　记

　　乡村振兴，青年勇当先锋。在乡村振兴的伟大实践中，涌现出一大批扎根"三农"的优秀青年典型。他们有的从事农业产业涉农创业带动群众增收，有的从事涉农科研、农技推广服务科技兴农，有的从事乡村治理、公益服务推动地方发展。他们坚定不移听党话、跟党走，怀抱梦想又脚踏实地，敢想敢为又善作善成，他们以青春之我、奋斗之我在乡村振兴的生动实践中放飞青春梦想、书写人生华章。

　　为发挥先进典型的示范引导作用，共青团中央青年发展部遴选20位全国乡村振兴青年先锋的故事并汇集成书，宣传他们扎根基层一线的精神品质，分享他们参与乡村建设的青春担当，展现他们投身乡村振兴的火热实践。

　　新时代的中国青年，生逢其时、重任在肩，施展才干的舞台无比广阔，实现梦想的前景无比光明。习近平总书记深刻指出，"有责任有担当，青春才会闪光。"这需要广大青年听从党和人民召唤，胸怀"国之大者"，以这些青年先锋为榜样，积极投身广阔农业农村领域，在全面推进乡村振兴的伟大实践中成长发展、建功立业，为全面建设社会主义现代化国家、全面推进中华民族伟大复兴贡献青春智慧和力量。

编者

2022年11月

郑重声明

任何未经许可的复制、销售行为均违反《中华人民共和国著作权法》，其行为人将承担相应的民事责任和行政责任；构成犯罪的，将被依法追究刑事责任。为了维护市场秩序，保护读者的合法权益，避免读者误用盗版书造成不良后果，我们将配合行政执法部门和司法机关对违法犯罪的单位和个人进行严厉打击。社会各界人士如发现上述侵权行为，希望及时举报，我们将奖励举报有功人员。

反盗版举报电话 （010）58581999　58582371

反盗版举报邮箱 dd@hep.com.cn

通信地址 北京市西城区德外大街4号　高等教育出版社法律事务部

邮政编码 100120